撕下標籤，找回自己，你是你自己最大的勇氣。

22個從困境破繭而出的青春故事

張淑媚 著

勇氣加倍・暖心推薦

李偉文・親子關係作家

李崇建・作家／薩提爾模式教育工作者

周志建・心理學博士／資深諮商師／故事療癒作家

周慕姿・心曦心理諮商所所長

海苔熊・心理學作家

張　西・「故事貿易公司」創辦人

張貴傑・淡江大學教育心理與諮商研究所副教授

黃士鈞（哈克）・潛意識工作者

黃錦敦・作家／敘事治療取向訓練講師

管中祥・中正大學傳播系副教授

劉安婷・「TFT為台灣而教」創辦人

劉秀丹・師範大學特殊教育系副教授／幸福說話推廣人

樂　擎・作家／TEDxNCUE年會分享講者

潘如玲・國立文華高中教師／

《認出光速小孩：擁抱教育現場的自己》作者

蔡傑曦・創作攝影師／《謝謝你走進我的景深》作者

鄭俊德・「閱讀人」社群主編

依姓氏筆畫排序

高教端的珍貴示範

李崇建（作家／薩提爾模式教育工作者）

我與阿媚認識六年了，緣分始於二〇一二年。阿媚邀我跟研究生分享，主題從我的著作《沒有圍牆的學校》開始，延伸對教育經驗與觀察。

分享會當天是課堂，師生隨性坐在地板上。分享進行至一半，阿媚想深入瞭解一些細節，關於我與學生如何對話，問我可否現場來一段示範？由學生提出生活或教育困難，我以對話來引導。

當時我學習「薩提爾成長模式」十二年，「薩提爾」已經融入我的生命，很自然的落實於日常。當我專注於對話，對話者內在常有觸動，即使我的語言非常簡單，沒有任何特別之處，但對話者經常落淚。我並不明白為何如此？我知道要引導人「覺知」，要引導人的「意向」，引導人接觸「自我」，一旦接觸自我的存有，對話者就落淚了。當時我無法單純引導人的「覺知」與「意向」，而不用讓對話者連結「自我」，那是讓人落淚的關鍵，直到二〇一五年左右，我才意識清晰的對話脈絡，可以不落淚的方式，不用讓對方連結「自我」的方式，示範對話落實在日常，但我無法讓人不落淚。當阿媚邀約我示範，我欣然同意，但說明可能的情況：對話時也許會落淚。研究生一聽我的說明，大抵驚訝不敢置信，但也不敢輕易嘗試對話。阿媚邀請學生數次，也無人想揭開潘朵拉盒子，敢於當場應允我，阿媚最後決定親自與我對話，體驗書中的人物經驗，她並不在意人前落淚，即使是在學生面前。

我猶記得阿媚問了一個課室問題，關於她大學的課堂，幾句話之後，阿媚落下晶瑩淚珠，一邊說著「好神奇」……。

阿媚就是一個如此率真之人。

當我翻閱阿媚的這本書，序中陳述我們的初遇，我在她教室、與她對話的這一段過往，瞬間在腦海裡浮現，我藉由這一段往事，說明阿媚的真與勇氣，也是這本書的珍貴之處。

這本書的每個單元，阿媚都勇於自我揭露，透過自身的探索，看見她陪伴學生覺知的過程，不僅細膩且令人反思。

翻閱此書的過程，我想到存在主義心理學者歐文・亞隆，阿媚如同亞隆一般剖析自己，以一顆真誠的心靈書寫，紀錄以生命觀照生命的歷程；與此同時，我也想到希臘導演安哲羅普洛斯，他的史詩鉅作《尤里西斯的生命之旅》，尤其是主角用手搖機放映他追尋的影片片段，那種對生命的深刻凝視，自我追尋與自我解構的真誠，屢屢讓我感到動容。

我以為這是一本了不起的書，尤其是阿媚身在高教端，台灣以此方式呈現的方式甚少，身兼高教端的教育工作者，陪伴成年學生時的紀錄，不僅深入陪伴者生命，更進入探索自己的生命，實在太難能可貴。台灣常見的教育書作者，大多在中小學端實踐，鮮少有人呈現高教端，即使寫的是高教端亦非如此形式。尤其阿媚談及教育理念，談及「三一八學運」，很感性的從個人生命切入，而非以議論的方式陳述，從一個大議題裡，耙梳出關於個人的愛情、性別、親情、自我認同與生命議題，好看又顯得珍貴。

阿媚任教於大學，一般人談到大學生、研究生時，理所當然視他們為成人。然而大學生剛離開青少年，迅速進入一個成人的年齡，彷彿被宣告已經獨立，當他們遇到困惑與挫折，常被以評斷的眼光看待，少了對學生的理解，也就少了細膩的眼光，因為人並非跨越一個年齡，就跨越成熟的門檻。

阿媚此書的呈現，包含兩個層次，一是阿媚覺醒的歷程，二是如何陪伴這些生命。這兩部分息息相關，因為阿媚陪伴這些生命，亦可能碰撞了每個人的內在，那是生命追尋的旅程。

阿媚囑我寫一小段序，我理所當然給予祝福，實則為她的書感到讚嘆。她的書寫文字流暢，反思與探索都不凡，開啟的是珍貴的生命力量，我想在一小段文字裡，介紹這本書的必讀與可讀之處，介紹阿媚是一個什麼樣的創作者、教育者與助人者，我期待讀者能翻開這本書，因為書中所呈現的理路分明，感性與理性皆具，能讓人看見生命的美麗。

練習對自己誠實

海苔熊（心理學作家）

看到阿媚出版這本書，真的是讓我欣喜若狂，我第一次和她見面，是在嘉義大學，雖然我去過很多學校演講、遇過很多接待我的老師和同學，但跟阿媚的接觸讓我記憶猶新，我一直找不到什麼好的詞來描述我和她相處時的美好感受，直到收到她這本作品的初稿，我才發現這個詞叫做「真誠」（authenticity）。

這是社會心理學家Michael kernis曾經提到的一個重要概念，對我來說，其實就和薩提爾模式裡面的「一致性溝通」一樣，只要我們的內外在都能夠一致，就能夠做自己，有更好的人際關係、也會過得更快樂。這個概念說起來簡單做起來難，我們之所以會喜歡戴面具，是因為很多時候表現出真正的自己會受傷，所以我們用各種隱藏，來自我防衛，但是這樣做就像是飲鴆止渴，疏遠了別人，也背叛了自己。

「人總是活在自己的謊言裡面。」

去年我幫阿建老師製作薩提爾冰山簡報的時候，被這句話深受感動，然後也開始反省自己。一直以來，我都用某種疏離，來隔絕自己的感受，也隔絕自己和其他人的關係。

那該怎麼做回自己呢？從敘事治療的角度來看，或許其中一個方法就是「說故事」，用一個又一個的故事，引出一個又一個的故事，然後一起在傷痛裡擁抱，在故事裡流淚。

這本書集結了許多傷痛和擁抱的故事，看著阿媚一次又一次和學生的互動，我覺得我內在某一個部分也被勾動起來，一開始那個東西有點模糊，後來才漸漸清楚——無論是阿建、阿媚、或者是海苔熊，我們都不是正統諮商背景一路訓練上來的，可是我們卻很幸運地，遇到了一群願意與我們接觸的同學和孩子們，和我們的生命交織一段旅程。在剛開始和同學會談的時候，我也和阿媚一樣有自我懷疑、擔心、覺得自己不夠專業，甚至常常問自己：「我真的能夠幫上他們的忙嗎？」

然而，當我細細的去體會書裡面的每一個故事，就會看見其實自我成長這條路，並不是誰幫助誰，而是一個雙向互動的歷程。與其說我們的學生因為看見了內在的冰山，因為學會了一次的溝通，而有一些轉變，不如說在會談裡的兩個人，都在這個過程中逐漸變成一個更一致的人，逐漸成為自己。

我想邀請你打開你的好奇，拎著你本來就俱足的真誠，讓我們一起踏上這個旅程！

在生命故事的說與聽裡，人，有了去處

黃錦敦（作家／敘事治療取向訓練講師）

一個人在山裡孤獨的走路，走到疲累疑惑時若能見著另一位也在路上踽踽而行的旅人，常能帶來莫大的安慰。這是閱讀他人生命故事的魔力，我們常能在別人的故事裡遇見自己。當我拿著這本書的書稿閱讀到一半時，忍不住傳了一封簡訊給作者：「阿媚，閱讀這本書的過程，像是有人敲著自己心裡不同的門，特別是你自身的故事，我常在那裡和自己相見，謝謝你！」

這是一本由許多故事組成的書，作者在這本書裡，透過兩個不同的角色來參與書裡頭的故事，一個角色是「陪伴者」，也就是作者身為一位大學老師，陪伴年輕學生經歷生命挑戰與幽谷的故事；另一個角色則是「當事人」，作者從自身出發，真實地敘說自己生命裡也曾經歷的困境與轉折。這些故事中，有些片段像是綿延的歌詠，會不斷的在心中輕柔迴盪許久，有些片段則像是置身大鐘大鼓前，噹噹咚咚地讓整個人被震動著。而不論是哪一種的故事，我閱讀下來，總深刻地感受到「穿越好壞對錯評論，抵達一種生命理解的姿態」，成為故事裡主人翁能鬆脫禁錮，重回到自己生命之流的重要關鍵。

這是一本值得一讀的書，碰觸的主題多元且深刻，不論是為自己而讀，或是想學習「如何在聽與說之間走到陪伴位置」的助人工作者，我都真心推薦。

他們也這麼推薦……

拿到阿媚的手稿，我細細地品嘗著每個文字，每句，每個段落間的情感……欣賞著這位大學時一起在幼獅張老師努力過的夥伴，近卅年來的轉變……那是一種真摯的情感，阿媚從自己出發的看見，並轉身接納自己，以及回應發生在週遭的人事物。阿媚，給了自己一個位置，看見並前進。同樣地，和阿媚相遇的年輕人，也在這樣的相遇裡，重新得力（empowerment）。

一直以來，我相信只有生命才能接住生命，生命才能引領生命。而阿媚真實地實踐了這件我所相信的事情。

張貴傑（淡江大學教育心理與諮商研究所副教授）

每次看到阿媚跟學生的互動，都會讓我覺得我是個不太「關心」的老師，並疑惑著，她的熱情與細膩從何而來？這本書給了我些許的答案，因為她總是先撕下老師的標籤，回到原初的自己，貼近每一個人。這並不是件容易的事，書中阿媚一次又一次地突破層層網羅，脫去一件件來自家庭與社會的枷鎖，自我剖析、破繭而出。這不單是一本老師「輔導」學生的真實故事，也是書中每個人面對困境的真誠告白。

管中祥（中正大學傳播系副教授）

我喜歡寫作、寫作是深刻的對話。

我喜歡對話，對話是故事中最精彩的地方。

我喜歡聽故事、故事最能改變人生。

所以讀阿媚這本書，對我是深刻的享受。阿媚真誠的文字寫下自己及22個年輕生命的故事，我看到阿媚透過對話、尊重與欣賞，用心陪伴年輕朋友走過生命困頓，勇敢快樂找回自己！

同樣身為大學教師，我忍不住讚嘆阿媚用生命感動彼此的互動方式，這正是教育最大的意義！它將讓我的教學產生巨大的正向改變，謝謝你，阿媚！我好喜歡這本書！

劉秀丹（師範大學特殊教育系副教授／幸福說話推廣人）

我的主要寫作平台是IG，常在寫的時候都有個瓶頸，要在受限制的篇幅裡，以縮時表達出一段人生，真心難。

可這本書卻展現了另個可能性，沒有華麗的詞藻、沒有營造氣氛的場景，就是以作者反思及和他人對話作為主軸開展，對於那些就隱藏在我們身旁人，一段又一段真實的紀錄。故事很簡單，所要表達的片段亦然，卻也仍舊是展現出了不簡單的力量，讓人彷若都能在這些故事裡，看到些許自己的影子。

很推薦此書，也誠摯願翻開這本書的你，都能安好。

樂擎（作家／TEDxNCUE年會分享講者）

人世荒渺，唯勇敢行。這本書滿滿都是勇敢！勇敢！勇敢！除了勇敢，就剩喜悅的淚，你看見了嗎？

潘如玲（國立文華高中教師／《認出光速小孩：擁抱教育現場的自己》作者）

有些生命的答案不在外頭，而在你的心底，與自己好好對話，你將找回勇敢的自己。

鄭俊德（閱讀人社群主編）

目次

04

給帶著羞怯勇敢走出來的你

躲在門後的小女孩

05

給在社會風暴下騷動不安的你

06 給在情緒波濤中起伏翻騰的你

給年輕的你

我反反覆覆的問自己，為何想寫一本關於你們的書？明明，我和年輕的你們中間隔了三十年很難跨越的鴻溝……

你的故事激勵我勇敢做自己

跨進中年之後，卡在學校工作、自我認同以及家庭婚姻種種累積的生命困境中，我發現投入多年的理論研究派不上用場，理性能力也無法找到我的幸福，於是我開始往外找尋不同的生命出路。我跨出大學校園，走進心靈探索的廣博世界裡，透過薩提爾模式與敘事治療的學習，我想找回理性與感性合一的完整自我。在心靈領域持續的耕耘，我愈來愈清楚自己最深的渴望是勇敢做自己。回顧過往這些年，為了忠於自己，我在生涯與婚姻所做的重大決定，屢屢違背了大家的期待。每一回做出自我抉擇後，我仍然持續經歷著情緒的往返波動，需要許許多多的好故事來滋養我的勇氣。正因如此，我特別喜歡親近正在歷經自我轉變的你，那些勇敢的、堅持著做自己的故事格外觸動我，聆聽與分享這些故事，都一再激勵我繼續勇敢做自己。

希望年輕的你重新看待自己

在大學從九〇年代暴增之後，在所謂十七分也可以上大學之後，社會充斥著對你的批判，什麼草莓族、低頭族、抗壓力低、沒有競爭力、不負責任種種的評語浮上檯面，身為大學老師的我也不免會用這些標籤來定義年輕的你。開始進入心靈領域的學習後，我試著放下「打混」、「退學」、「墮胎」、「劈腿」的評價，試著以好奇去聆聽你，我逐漸看到標籤之外豐富多元的故事。其實，你們正帶著自己的生命困境航行在驚濤駭浪的人生海洋裡，經歷許多掙扎與苦痛、但是你們仍然努力地在自己的生命脈絡中找答案、試著用自己的方式走出困境。我讚嘆你強烈的生命力，**很想透過這些故事告訴你們，撕下這個世界為你貼上的標籤，正視你身上擁有的力量、展現的堅韌與勇氣，找回自己，你才能繼續帶著不安傲然的往前行。**

我想要記得與被記得

寫這本書，內在最深刻的原因是，我怕死，不只怕，還非常怕。

這幾年，死亡常常進入我的眼前，以消逝的、蒼老的、緩慢的各種面貌出現。我不斷追求變化、不斷學習，潛意識裡其實是一種不服老、對死亡的示威。面對身體的衰老病痛，不斷的要學著安頓自己、不斷的要學著與死亡的恐懼共處。奇妙的是，最深的恐懼裡揉合了最深的渴望，我愈來愈清楚，

我想要記得、記得自己走過低谷的故事、記得自己從脆弱中長出勇敢的故事、記得那些一個個來到我生命中激勵我的動人故事。

我也想要被記得，想被我的家人、愛人、學生、朋友，還有更多不認識的人記得。

無論如何，我想要體驗、紀錄那些在我心裡留下刻痕的故事，不斷的往回走，讓自己更有力量的向前走，那麼，以後我可以在死亡面前多一點驕傲、多挺直一點身軀。

我想要的、我努力做的，都是為了要記得與被記得。

如果我們相互陪伴，至少我們會少一點孤單

很奇妙的是，我用我的故事陪伴你，你的故事同時成了我的安慰與勇氣。

這世界有太多的苦，但是我相信，如果我們相互陪伴，至少我們會少一點孤單。

這本書分成家庭、生涯、感情、情緒、社會、自我認同六大主題，在進入每個主題時，我

會先以自己的故事起頭，因為你們的故事不斷召喚出我成長歷程中跌跌撞撞的遙遠故事，所以我完全不是一個客觀的書寫者，我是以自己過往的故事和你們的故事交會，一邊記錄著你們的故事，一邊梳理著自己的過往、現在與未來。**我喜歡這樣的書寫方式，不再區別出「你」的、「我」的故事，而是我們在各自的故事裡，共同體驗我們內在裡的陰暗、亮光與溫度。**

在大學任教十二年，不但長年教授通識課程，同時也透過校外的演講、兼課認識鄰近大學的學生，認識的學生遍及校內外、不同學院與科系，這不但增加學生故事的多元性，也對披露故事的學生多了許多的隱匿性。為了慎重起見，每個故事在出版前，都經過當事人的閱讀與同意。故事裡的名字，尊重本人使用化名或是真名的意願，為了盡可能保護個人隱私，我也會針對系別、年紀或性別這些基本事實真假穿插，若有必要，某些故事的細節也會適時改編，堅持保留的是，故事裡的心境轉折與當事人成長歷程的真實性。

歡迎你進入我們的故事，讓我們相互陪伴，少一點孤單，多一些溫暖。

期待你走入我們的故事，記得我、記得這些破繭而出的勇敢生命。

01

給在家庭糾結中
奮力掙扎的你

從逃家到回家

逃家——總是要逃離，才會真的長大

我一直是爸爸媽媽寶貝的小么女，雙手捧在手掌心上的寵愛著。爸爸對我是完全的寵愛，而媽媽則是用叮嚀嘮叨的方式來疼愛我。以媽媽慣常的說法就是「別人都不會說你的缺點，只有我會說，這樣會讓你變得更好！」媽媽不但對我日常生活起居全面的呵護，同時她也積極地糾正我生活中所有不端莊的行為，注意喔，是所有不端莊的行為！家醜千萬不可以說出去、三餐要正常吃才不會變胖、笑的時候要遮口、走路不可外八、穿鞋要穿襪子、正式場合要穿裙子、衣服的搭配要注意、長大後要進行牙齒矯治與割雙眼皮修整自己的外型，不斷的叮嚀聽在我的耳中都成了嘮叨。媽媽的理由是「不這樣，以後妳長大就嫁不出去，沒有人要了！」喔，我偏偏要趁媽媽不注意的時候偷偷跟朋友說家裡的事、媽媽沒看到就不穿襪子出門、偷溜出去亂吃一通、大笑的時候偏偏不遮口、坐下來兩條腿就是忘了合起來、走路也習慣性的外八、還到處隨地亂坐、喜歡穿媽媽覺得不端莊的牛仔褲，最好再加個破洞。我幾乎挑釁了媽媽所有關於端莊淑女應該有的行為規範。沒有一樣行為合乎媽媽的要求，所以從小我不斷地被叨念沒有一個女孩樣，心裡對名字裡的「淑」字愈發反感，彷彿「淑」字的存在宣判了我永遠達不到的標準，從做不到就慢慢變成不想成為那個模樣。成長就是一個可怕的枷鎖，得把自己套在一個框架裡很辛苦的生活，不然就淪為被遺棄沒人要的厄運……。

忘了從何時開始，我就嚮往著早日脫離爸媽的管控，過著屬於自己自由自在的生活。不過，我素來不是那種會嗆聲的叛逆小女孩，我慣有的叛逆就是透過順理成章的機會去拓展我的自由空間，所以最有可能的就是到台北上大學，就有好理由離家遠遠的。驅動我好好努力考大學的不是為了那個抽象的前途，而是對自由的想像。很幸運的，我考上了台師大，一方面滿足我當老師的夢想，另一方面終於可以名正言順的逃家了。

送我北上之時，爸媽很不放心，他們和我的親戚們全都預測這個從小飯來伸手、茶來張口的生活白癡，應該一個星期、頂多一個月就哭著從台北回來了吧，其實我自己倒沒有太擔心，我心裡知道獨立生活並不困難，最重要的是我擁有自己的空間，去探索我要的生活方式與價值觀。果然大學四年，我很少回家，即便寒暑假也頂多待個一兩個星期就走了，在台北的四年裡，歷經了許多的歡笑與淚水、挫折與困惑，但是我都沒跟爸媽分享，我習慣與朋友分享、習慣一個人承擔、一個人調適，這是我所享受的自由空間。但是心裡還是累積了對爸媽的愧疚感，我想，那就延遲到畢業，再回高雄老家履行子女孝順的義務。畢業後我回到高雄的國中進行一年實習，平日住在學校對面的租屋處，只有週末回家。媽媽對我的照顧呵護一如往常，可是眼光早已調高到社會人士的高度，那如偵探般對我全身的掃射更加精準嚴格，我只想逃開。

這一年，因著學校工作的挫折我決定賠公費離開國中，考上研究所之後，我開心地重新呼吸在台北屬於我的自由空氣。我心裡暗暗下了決心，還是繼續逃家吧，繼續和家保持距離，繼續遠遠的帶著羞愧懷念爸媽，這是我所能和家互動、所能愛媽媽的最好方式。

人生這條路，遠比自己想像的有更多彎口。

結婚後去德國念書，意外的懷孕後，我成了一個媽媽。可是，心底對媽媽這個角色卻有許多的糾結。一方面像媽媽一樣對孩子付出，一方面又對媽媽有著不屑。我把「媽媽」視為委曲求全、眼裡只有孩子老公，只想守護自己家庭小鼻子、小眼睛的可憐蟲，我想這是從我在家裡長年經歷的媽媽模樣而來的。看到媽媽所作所為都是為了我們、把全副精力心神放在照顧我們身上，從不訴苦、從不埋怨自己身體的病痛，我討厭這樣默默忍受、沒有自己的情欲與需求，只是一心守護著家庭的媽媽。但是矛盾的是，我自己竟然成了自己所討厭的媽媽模樣。

回來台灣後，在嘉大找到了工作。好險，離高雄隔著一個縣市的距離。而媽媽對我的好，只有比出國前更多，我卻更加的不屑。這裡頭的情緒很複雜，一方面是愧疚，我無法對媽媽有同樣的好，一方面是討厭一個沒有自己的媽媽，如同我討厭面對女兒沒有自己的我一樣。

就這樣，我繼續和家裡保持距離，繼續帶著羞愧逃家……。

回家——長出了力量，才能安然回家

逃家，是保護自己的最快捷徑，
回家，卻是一條走走停停的漫漫長路。

步入中年之後，不斷的與自己的生命困境面對面。透過薩提爾模式與敘事治療的學習，我慢慢理解所有問題的根源都在自己身上，找回自己的力量，也就可以好好的應對、好好地回家。我想在家裡試著更多展現自己的面貌。

與媽媽的連結，是先從身體開始的。

從小我想得到媽媽的擁抱，就像被爸爸擁抱一般。可是從我有記憶以來，媽媽只習慣透過要求來表達愛。這幾年來我開始學習擁抱，剛開始是練習擁抱學生、朋友，有了一些美好的體驗後，我試著回家時擁抱爸爸媽媽。擁抱爸爸始終是容易的，我很快地喚起小時候坐在他大腿上賴著他胸膛的親暱感，然而擁抱身心向來與我疏離的媽媽，就有些難了。起初，媽媽直嚷著「不要、不要、我很臭……」從我的懷中帶著一些尷尬，似乎又有點喜悅的笑容掙脫。我感受到被我抱在懷裡的媽媽，其實肩膀瘦弱的令人心疼，一點都沒有我想像的剛強。時間久了多幾次的練習後，媽媽慢慢地也可以享受我們之間的擁抱了。**擁抱很奇妙，這件事慢慢拉近了我跟媽媽之間的距離，讓我們慢慢放下上對下的母女關係，慢慢進入女人對女人的平等關係。**

這樣可以相互平視的高度，讓我們多了彼此交心的機會。

記得大前年回高雄過年前，那時的我燙了頭髮有了新造型。一回到家，老媽看到我忍不住的叨念：「你的頭髮太蓬了要整理……」我只好平靜地告訴她一個殘酷的事實：「可是不管怎麼弄，就只能這麼蓬耶！」每天固定一次的嘮叨著，還好，我居然沒有煩躁，或是假裝沒聽見，或是拍著她的肩微笑著回應幾句。等到除夕前一天大哥一家回來，媽媽一見到大嫂的頭髮，忍不住用語變得很直接：「妳的頭髮真的很難看耶，妳個子小頭髮又這麼蓬……看看妳大嫂，短短直直的頭髮多好看……。」這回我心裡確實生氣了，但是我用深呼吸調節一下自己，堅定的看著老媽，溫和的表示：「大嫂的頭髮很好看，我也喜歡我的頭髮，我們只是樣子不同而已。」老媽聽了竟然只是傻傻一笑、就沒再多說什麼了。

她關注的當然不會只有我的頭髮，那時愛穿短褲的我又是不合老媽的淑女規格。遇到她發表意見時，我就一次又一次的告訴她，我喜歡我現在的穿著，溫柔而堅定的。老媽會嘲笑自己跟不上流行了。這樣的老媽雖然還是碎念，但是不再是皺著眉頭帶著凶氣的指責，有時還會自我解嘲，老媽確實比以前鬆了許多。更重要的是，我慢慢已經曉得用成熟的姿態自我表達了。

在我逐漸學會自我表達後，奇妙的是，我和媽媽的關係更自在了。

有空閒的時候我會問起媽媽的故事。從媽媽斷斷續續的陳述中，逐漸拼湊出她的成長歷程：媽媽常常把故事拉到遙遠的國中畢業那一年。媽媽的阿嬤說，「女人念太多書還不是搞大肚子沒什麼用。」所以，媽媽國中畢業後就沒再上學了。媽媽怪自己當初沒有堅持，後來只能當家庭主婦。等到適婚年齡時，媽媽的阿嬤看中了爸爸有上進心與責任感，決定要讓媽媽嫁給爸爸。沒有被徵詢意見的媽媽卻不敢說什麼，就這麼嫁給了爸爸。

在娘家媽媽是整個大家族裡唯一的女孩，備受呵護。等到結婚後，這麼個沒碰過家務的媽媽居然沒叫過苦，就從煮飯、洗衣等基本家務從頭學習，讓自己撐起家裡所有的一切。也陸續生了三個小孩，曾經爸爸在台東林場經商，媽媽一人在台中東勢伯父家裡顧雜貨店、帶小孩，補絲襪賺外快，同時得處理妯娌親戚間的許多誤解與問題。

卸下了家務責任與叨念，可以好好說故事的媽媽，其實多了讓人親近的一面。

放下了對媽媽的批判，好好聆聽她的故事，其實才看到了媽媽完整的面貌。

媽媽確實有許多時候是委屈求全、寧可為這個家壓抑自己的需求，但是媽媽一路走來，也靠著對這個家無比的愛、靠著自己身上的堅強、毅力好好撐了過來，持續守護著這個家。就因著媽媽這麼全心的守護著我們，才可以讓我披覆著豐沛的愛，沒有掛慮的、安心地往外翱翔，如今可以選擇自由地做自己。這樣的媽媽傳承、延續了女人內在堅韌勇敢的生命力。

在我們逐漸長大後，媽媽就慢慢走出家門了。她去練土風舞、參加各種學習課程、英文、日文、拉筋、元極舞、資訊課、舞蹈班什麼都上過，也參加過歌謠、婚紗秀、卡拉ＯＫ各種表演，媽媽沒有因著孩子長大離家自怨自艾，而是積極地走到外面的世界。媽媽不是沒有自我，只是等待著適當的時機展現自我。

身上逐漸回流的力量，讓我可以看到媽媽完整的面貌。我身上同樣有著媽媽的堅強、忍耐，但是慶幸的是，在現在的時代下，我更多了一份追求獨立自主的決心與可能。這些都不相互違背、這些都可以同時並存在我身上。

在慢慢走回家這條路上，我找回自己的力量，重新跟媽媽連結，把自己認回來，在自己裡頭安穩，回家的步伐，漸漸地不再沉重。

先長出力量，再好好回家

回顧這幾十年來與家的關係，年輕時的逃離是必要，因為我還沒長出自己的力量，我得在屬於自己的空間裡學著長出羽翼、學著用自己的方式飛翔，即使跌倒也學著自己療傷，可以用自己的力量飛翔後，我才能好好地回家。

這十多年來，看到許多年輕人在與父母的關係中奮力掙扎著，我唯一能提醒的是，**先容許自己療傷吧，先給自己時間長出力量，不管是一年兩年，還是更多的年歲……。**

有一天，你可以好好回家，重新修補跟父母之間愛的關係。

勁美很能「忍」
——走出家庭的傷、認回完整的自己

認識勁美，是來自通識課的緣分。

我不時會在課堂上推薦一些值得參與的活動，很意外的她幾度私訊我，「老師，你要去嗎？可以搭你的便車嗎？」敢主動搭老師的便車？有這種想法的女孩恐怕真的很大膽。可惜總是錯過，她也沒機會搭我的便車。課程結束後許久，她透過臉書聯絡我，「老師我可以跟你聊聊嗎？」。好呀，於是約了學期末一個比較空閒的時間。

她來到我的研究室，有些困窘的坐在我的斜對面，臉上帶著一點笑容想化解尷尬。我也跟著微笑，一起用同樣方式參與在這樣的不安裡。一個僅僅有一學期上課之緣的女學生，似乎對我投入了比課堂關係更多的信任，我好奇著她會對我吐露什麼樣的故事？

她說起自己攪在家庭、社團、課業與人際關係的低潮裡。我有個直覺，根源可能就是家庭，我想先從家庭切入。不過亮兒的經驗（參考【後記】從助人者到陪伴者）教會我千萬不要再冒然進深，家庭雖然經常是一個人故事的根源，但往往也是不可碰觸的禁忌，我必須尊重學生願意吐露多少，想要進入多深？不然事後可能造成學生的不舒服。

於是我請問她，「對於今天來這裡跟我聊聊有什麼期待？」

「希望老師可以幫助我。」

「你的低潮可能是關於大學生活裡的掙扎與取捨，在這些掙扎裡，或許困擾你的根源是原生家庭，可以先從妳的家庭故事切入或者直接談談在社團、課業與人際的問題，看看你覺得如何？」

我詢問了她的意願，等候著她的思索，一會之後，她決定先聊自己的家庭故事。

是什麼讓你撐過這一切？我很能忍……

從小她經歷了爸媽的不斷爭吵，爸爸常常帶不同女人回家，印象中最深刻的一個畫面是有回媽媽不在家，爸爸帶女人回家，床上的她已經閉上眼睛，爸爸以為她入睡了，跟女人一起同床，她繼續假裝著入眠聽著爸爸和女人做愛的聲音。小小的她假裝沒事的繼續入睡，心理翻攪不已。我心疼著當時受傷的小女孩怎麼繼續面對爸爸？

「就假裝沒事呀……」勁美認真看著我，聲音還是明亮，最後的音節仍是往上揚。

裝沒事，成了女孩很重要的本事，後來爸爸入獄，爸媽離婚，她搬去鄉下和阿嬤一起住了五年。後來媽媽來阿嬤家接走她，後來她從鄉下搬到大都市居住，後來媽媽有了男友，生了弟弟，後來她跟媽媽、繼父、妹妹、同母異父的弟弟五個人一起住，她也都繼續，裝沒事。

「是什麼讓你撐過這一切？」我想讓她連結到自己內在的生命力，感受到自己是多麼的了不起。

「我不知道，我很能忍。」她微微一笑。

我只能讚嘆勁美內在堅韌的生命力太強大了。

不過，她特別提到，生命中曾經有許多貴人才能讓她撐過來。譬如當初從鄉下到大都市生活、又加上和媽媽重新一起住，這個變動太大，常常一個人覺得很孤單，還好那時有位好友、有位老師熱心的幫忙，陪她一路走過來；上了高中，靠著好友的一路相伴，她總算順利考取國立大學，念了自己最喜歡的科系，想著未來要成為國小老師。

我想，這樣的孩子培養了一種敏銳的嗅覺，找尋身旁可以幫助她、給她支持的人，而在師生關係比較疏離的大學裡，我正好就是她覺得可以信任的那個人，我只能感謝這個奇妙的緣分。

不過，這麼多苦都撐了過來的勁美，到了大學會有什麼過不去的難處？

你曾經求助嗎？我很能忍……

「我大二開始擔任社團幹部、學業和社團工作都很繁重，我要參加社課、幫忙社團的各種宣傳、行政的工作，還有報告也很多，每天晚上幾乎都不在寢室，所以我跟室友、跟班上同學都不太熟，我感覺很孤單。有一天，我一直冒冷汗，身癱軟無力，我才告訴大家我的身體撐不下去了，社團幹部才開始討論要怎麼幫我分攤工作。」

「你曾經求救嗎？面對自己無法處理的社團事務？」

勁美搖搖頭，又重複了「我很能忍……」臉上又是微微一笑，她的笑散發的不是那種不經世事的天真氣息，而有著在磨難中淬煉出的優雅。

「堅忍是你很重要的生存能力，但是求助也另一種生存能力。」

勁美點點頭，「求助對我真的很需要。我也想這學期過完後，重新調整自己的生活方式。」我很相信勁美可以從目前的低潮裡學到什麼，那麼一時的低潮在生命裡就值了。

隔了半年，和勁美再度相會。

勁美提到大二的生活太緊繃，進入大三後，她試著調整自己的生活，卸下了社團工作，讓自己多些時間看書、閱讀、參加活動，也問了自己一些重要的問題，關於自己未來想要什麼樣的生活？什麼樣的關係？開始感覺自己愈來愈在自己的方向上。

從「盧」媽媽到自己來

從生活方式的議題進入到生涯的探索，這樣的勁美已經進入了下一個階段。其實，這議題又更多的牽涉到家庭。果然，從勁美的口中滑出了許多對媽媽的不滿：

「媽媽對我同母異父的弟弟特別好，對我就管很多。大三以後，媽媽一直叫我去考國考，每次回家都催我去報名補習班，說這樣以後工作比較有保障。明明我就沒有辦法坐在辦公桌面前只處理那些行政工作，我真正有興趣的是當國小老師。我從以前高中參加世界展望會的活動開始，我就特別喜歡小孩子……，可是媽媽一直覺得老師很難考，我都不知如何跟她溝通。而且我也不知道以後我是不是考得上老師？」

生活裡的不滿很容易無盡延伸，往往也很難改變。我更好奇勁美如何應用她的力量面對這些不滿？也許可以從她的成長脈絡去找尋這股力量。

「面對來自媽媽的要求與家庭的限制真的不容易。說說看，在妳的成長過程中曾經為自己爭取過什麼事嗎？」

從來沒想過這個問題的勁美花了些時間提取自己的記憶資料庫，喔，她想到了：

「我從高中就很想練小提琴，我覺得練琴對我來說很放鬆。但是高中練琴媽媽很反對，她覺得學費很貴又會妨礙到我的課業，我不斷的跟媽媽爭取，後來媽媽才勉強給我學費去學習。現在繼續拉小提琴也是延續以前的興趣，就算很忙，我還是一周三次去琴房練習。」

「我嗅到練琴對妳來說，不只是興趣，更有著爭取自主權的意義。」

這個對自己的新發現，激勵了她想到另一個爭取主導權的故事：

「我還想到媽媽從大一開始，就堅持不肯買摩托車給我，怎麼說都沒用，可是我想要一台車可以自由出入、這樣才可以隨意行動，也不必隨時跟人開口搭便車。媽媽既然不肯買，我就自己存錢。我大一就找到打工的機會，寒暑假都在打工，後來存夠了錢，就先買了一台中古機車，買了之後我才跟媽媽說，我知道媽媽不太高興，但是也就勉強接受了……」

我總是那麼著迷著一個人在時間之流中所能發生的轉化！

在高中時，勁美的爭取方式比較是用「盧」的，是一而再、再而三的在媽媽面前表態，以改變媽媽的態度；到了大學，她更進一步的發展出為自己的選擇負責的能力，不再「盧」媽媽為自己買摩托車，而是付出自己的時間精力賺取想要的摩托車。**這個從「盧媽媽」到「自己來」的過程，是一個女孩長出自己力量的確據**。引導勁美清楚了自己這樣的轉化，我好奇，回到生涯發展上面對媽媽的限制，勁美會怎麼做？

「這樣有力量的妳，會如何爭取自己生涯發展的空間？」

「我就先朝著成為老師的方向努力，這才是我真的想要的。」

雖然和媽媽有著對生涯不同的想像，勁美仍帶著堅定娓娓敘說自己對於未來的想法，不過，即使媽媽的期待像一堵高大的牆難以攻破，我總是相信，汲取成長過程中曾經攻堅的經驗與力道，在媽媽面前，勁美會愈來愈成為自己。

把完整的自己認回來

通常在我們回顧過往家庭的歷程裡，先浮上心頭的都是，傷。勁美也先看到了自己從家庭來的傷。開口敘說與承認這些傷很重要，這會幫助我們的情緒找到出口，而這些傷害和委屈才可能有所抒發。接著，我們可以做的，就是把完整的自己認回來。

認回來的不只是曾經從家庭受的傷、更是怎麼從傷害中走過來、發展出來的能力。勁美從一個變動的家庭環境裡很早就學會了找尋可以依靠的貴人、很早就學會了獨立與堅忍的能力、也學會了如何堅持自我、爭取自主權。回顧這些陰暗裡曾經出現的亮光，讓勁美更加清楚自己一路堅立自我的過程，也更有力量開創自己想要的未來。

在我們回顧過往的陰暗之時，別忘了回首那些曾經的微光，

點燃這道微光，讓它從現在到未來迸發成最璀璨的煙火！

茉莉公主
——走出華美宮殿的勇敢女孩

當我開始走上心靈探索的旅程，奇妙的是，我就不斷遇見了同樣在這旅程上的夥伴，茉莉就是其中的一個。對她的第一印象是好奇寶寶，喔，而且是超好奇寶寶喔！

來自神祕國度的茉莉公主

通識課的學生來自四面八方，在大家都不太熟悉的狀態下往往學生會比較矜持一點。即便如此，中文系的茉莉還是最有反應的那一個、有問題就舉手、下課時間也不放過，又繼續來跟我討論問題。她像個單純的小孩，從來不想什麼是好問題、笨問題，也不知道什麼是他人的眼光，一有什麼念頭就舉手說話，這樣的女孩很難忽略她的存在，特別是她的眼神是那麼的純淨。偶然的機會得知，她為自己取了「茉莉」（Jasmine）這個小名。其實，我跟她一樣，也是個好奇寶寶：「茉莉！這個名字對妳有什麼意義嗎？」

「我從小就喜歡迪士尼卡通，阿拉丁這部卡通的女主角就是茉莉公主。她住在中東，很神祕，擁有一切卻又很壓抑……」茉莉回應了我。

期待著溜出華美宮殿的茉莉公主

很特別的意義，讓我不禁想跟著茉莉公主的意象去了解、探索她的故事：

茉莉媽媽一直是家裡頭的主導者，她對茉莉擁有絕對的主權。從小，她把茉莉打扮的清清秀秀宛如小公主般，帶著小茉莉出門總是獲得親戚朋友乖巧美麗的稱讚。茉莉公主出門不須走路、搭公車，一切都由家裡負責接送、為了安全的理由，假日不能跟同學出去玩、不能參加多餘的校外活動，只需好好專注課業上的學習。當然媽媽也規劃了小公主的未來，大學唸什麼系都無妨，只要認真準備國家考試，畢業後分發到家裡附近做行政工作，以後和當地人結婚，這樣就可以一直和家裡保持密切聯絡，經營安穩幸福的生活。媽媽細心地為小茉莉構築了一座以安全與愛為基石的華美宮殿，讓茉莉可以備受呵護地如同公主般成長。而小小的茉莉公主，即便有許多的不滿，也就忍著、笑著接受了這一切。

等到上了大學，終於可以離開家鄉來到嘉義了！茉莉躍躍欲試，她熱切地期待著宮殿外頭新奇的新世界。

有回課後她一路跟著我聊起許多的話題，她的手機不斷響起、她不斷重複著按掉的動作，看著她兩難的表情，我安撫她，「也許是重要事情，沒關係，你先接電話。」茉莉笑的很無奈：「老師那是我媽啦，明明沒什麼事，還狂叩我十幾通，我不想理她……」。原來是茉莉媽媽很不放心她離家外宿，每天不斷打電話給茉莉確認她一切安好，一個似乎特別沒有安全感的媽媽。

媽媽規定茉莉每晚一定要打電話通報回宿舍時間，每個周末都要回家，由爸爸負責接送嘉義到高雄來回學校的路程，茉莉感受到一種被強烈約束的焦慮氛圍。寒暑假的時候，茉莉想跟同學出去玩、想參加營隊，這些對大學生很平常的活動，對媽媽來說還是太多，她希望茉莉寒暑假可以好好待在家裡，提前準備國考，不管考什麼，只要是國家保障的公職，收入穩定就好。

然而，茉莉畢竟不是那種只喜歡穿漂亮衣服、一直待在皇宮裡逗弄小狗小貓的甜美小公主，如同在中東宮殿裡的茉莉公主，她與眾不同地養了老虎當寵物，也經常偷偷溜出宮去體驗宮外的生活，現實裡的茉莉也想在大學裡體驗新的自己、新的生活。

茉莉公主溜出皇宮的新冒險

其實，公主要的不只是安全，更是冒險。

而遠家遠遠的大學就成了她冒險的廣大新世界。她未來想當的不是媽媽所說的公務人員，她發現自己想要當輔導老師。她想要接觸許多孩子，幫助她們成長，所以她決定多選修心理諮商的輔系，同時要修中文和輔諮兩個系，她的課業變的很繁重，但是她清楚這是自己的選擇，念了心理方面的課程，可以幫助她探索自己，同時也能幫助其他孩子。她試著和媽媽溝通，她聰明的抓到媽媽最在意的「安穩」，強調輔導老師的工作很安定，這讓媽媽的接受度變高，只是會一再確認是不是好考？

二〇一三年八月我開始學習薩提爾溝通模式之後，深受感動的我在各個班上跟學生分享。有一回，我興之所至放下原先的課堂規畫，盡興的聊了兩節薩提爾的「一致性溝通」。**「一致性溝通」指的是，不委屈自己也不討好對方，不但堅定的表達自己、同時也給予對方尊重。**「很困難，但是我們可以一起練習！」我鼓勵著課堂學生們。而茉莉依然不放過我，在課堂之後、在臉書私訊上，一次又一次探詢我關於一致性溝通：「老師，我如果表達了自己，對方一定會生氣，那怎麼辦？」，「老師，我就算說出我的想法與感受，對方又不會改變，那一致性溝通有什麼用呢？」，一次又一次的答覆與再發問，就這麼來來回回著，茉莉也不斷的消化著這一切。

我知道在這些問題背後，更根本的問題是，「我怎麼在媽媽的重重限制下追尋自我？」。有幾回茉莉在我面前真的撐不住了，不知如何抵擋媽媽不斷提出的限制與要求，只能淚水不斷的滑落……。

我能做些什麼呢？眼前的茉莉，不再是年紀小小、只能默默順從的小茉莉，眼前的茉莉，不再只是弱不禁風、需要保護的嬌柔公主，我還是相信，成年的茉莉可以學著為自己做選擇、為自己負責，但是安頓好自己，才能儲備為自己做選擇的自信。

我試著提醒她接納自己情緒的跌宕起伏，試著提醒她好好關愛自己，試著聆聽她的抱怨、試著陪伴她的淚水、試著好好擁抱她，試著種種忙碌的空檔中我所能嘗試的，就這麼不斷的一點一滴的「試著」，做著我所能做的一些些微小舉動。

後來，我慢慢意識到我已經把心靈成長這件事放的比專業知識更重要了，我第一次開設了「情感教育」的課程。本來以為茉莉會特別來修課，但是她抱歉的跟我說，她得修習同時段另一門課程。就這樣，我和茉莉的接觸少了許多。

不過，有一回在校園偶遇，她很興奮的說起，「老師，一致性溝通真的很神奇耶！」茉莉的眼神散發出炙熱的光芒。

「有回我和媽媽一起去買鞋，媽媽的品味平常就和我的不一樣。媽媽講話批評的時候常常很傷人，那次我挑的鞋子媽媽看不順眼，就隨口一直碎念，這種爛鞋子？根本就跟酒家女一樣低俗……。那時我很生氣覺得自己被侮辱了，我深呼吸調整一下心情，走到媽媽面前，很認真的跟她說，媽媽謝謝妳的好意。但是我很喜歡這雙鞋。媽媽居然停止了碎念，更神奇的是，媽媽後來讓我買了我想要的鞋……」

神奇的不是媽媽的改變，而是茉莉為自己發聲了，公主展現了嬌柔之外堅定的另一面。**當自己可以安穩站立之後，往往就為自己創造了被尊重的空間。**一次的成功引動另一次的勇敢，茉莉就繼續針對媽媽不願讓她去參加暑期營隊的事情寫了封信給媽媽：

> 親愛的媽媽，要將一直在身邊的孩子送到外面的世界對您來說一定很困難，我明白您會有很多的擔心與焦慮。而且我在您眼中永遠都是個小孩。但對於我而言，我覺得世界是精彩的，如果一直擔心東擔心西，那麼我便什麼都不能做了。去參加那些活動我非常的快樂。請相信我，每次活動我都會平安的回到家。

這封信，茉莉放在桌上還需要累積一點勇氣才能轉交給媽媽。沒想到媽媽主動發現了，隔天對茉莉說起，「我看過你的信了。」茉莉的心幾乎快跳了出來，沒想到媽媽只是淡淡的說，「你可以去，但是參加活動的時候，心裡要記得念佛號。」這樣的奇蹟始於茉莉的勇敢、茉莉的智慧。

聽了茉莉主動跟我分享的這兩件事，我感染了她的興奮，心理想著隔天就是「情感教育」的課堂，課堂主題也進入了最糾結的家庭溝通，我想在課堂上分享茉莉的故事。這個想法只是一閃而過的念頭，我都還沒空開口詢問呢。萬萬沒料到，隔天課堂上茉莉竟然現身了！

「茉莉，你怎麼會在這裡？你不是有課？」我真的很好奇怎麼會是這個Moment茉莉現身？

「老師，另一個老師今天請假，我就很想過來旁聽。」她張大了眼睛回答我，眼神還是一如往常的清澈。

我忍不住衝著茉莉大叫，「你今天來的太巧了。今天正好在談與家人的溝通，歡迎你直接上來分享你的故事。」

茉莉點點頭，也感染了我的熱切。

改變的能量點點滴滴的累積

許多美好不需安排，只要願意相信，天時、地利、人和就會一切匯聚、一切俱足。而課堂裡最感動的記憶往往就來自於這些突如其來的一刻。

自己的故事自己說，帶來的影響更強大。看著台上的茉莉娓娓說起與媽媽的一切、說起自己嘗試為自己出聲、說起媽媽的改變。台下的我還禁不住回想著關於茉莉的種種，到底，茉莉是怎麼改變的呢？印象中，她找我談論的幾乎都是她的掙扎與糾結，各式各樣的，關於情感的、生涯的、家庭的。所以我大多只看到她脆弱的一面，而她，到底是怎麼走出被愛層層包圍的華麗宮殿？

我只知道這幾年她很努力，她在信仰上找尋自己的人生價值、她上心理輔導的各類課程、她不斷和不同師長請教各種人生的困惑，她的心願意對改變敞開，然後改變的能量就點點滴滴的累積，然後改變就這麼發生了。

我們擁有不斷超越的勇氣與力量

我看到、我體驗到，茉莉慢慢轉化出安穩而堅定的力量去面對媽媽。雖然有時候，茉莉仍然充滿質疑：「對於媽媽，我還是經常感到沉重的壓力，有時我會毫無抵抗力的完全被擊敗……」**公主無法在突破難關後從此過著幸福快樂的日子，童話一般的幸福結局畢竟是夢幻。現實的人生是不斷陷落的殘酷歷程，但是幸福之處卻是，我們仍然可以在陷落後擁有不斷超越的勇氣與力量。**

公主不怕，慢慢來，繼續上路吧……。

宇軒找回自己的聲音
——奮力著從「不敢」到「敢」

從宇軒大一的時候我就認識了他。他說話很快，看得出是急性子，在課堂上向來扮演開心果的角色，也喜歡調侃一下別人，總是為課堂帶來不少笑果與活力。不過，他也是個憤青，關注社會的不公不義，在臉書上貼的都是自己關注的社會議題。我想，如果大學老師需要為學生寫期末評語的話，認識他的老師應該都會寫下「熱心公益、活潑大方」的字句。

二〇一五年初，興起了高中生反課綱微調的運動，我關注著這群年紀輕輕的高中生如何面對這個議題，發展出什麼論述。而宇軒說起這個運動時特別的激動，我太好奇他怎麼會對這群很遙遠的高中生有著熱切的關注？我隱約相信，他對這個運動的關注夾雜了自己的生命故事。「來找我聊聊吧……」有回我提出了邀約，他爽快的答應了。

一進了我的研究室，他雖然帶著笑意，但是動作舉止顯得緊張不安，他果然也不掩藏：「老師，今天來之前我很焦慮到底我要說什麼？」

即便我大多時候親切隨和，老師的角色還是會讓學生不安。我試著安撫他：

「我請你說說自己的故事，請你如實的在自己裡頭，開心就開心、難過就難過，真實的表達你自己……」

可是我不敢……

宇軒選擇他最熟悉的方式，帶著笑說起自己的故事。

他來自於一個家教嚴格的家庭，說起爸媽，他的第一句話是「我從小就被揍呀……」「揍」比「打」這個字對我來說嚴重很多，這引發了我強烈的好奇。

「我小一剛上學很不適應，常常緊張得大哭，老師無法處理就會打電話給我爸爸，他帶我回家後就會痛揍我。我還記得爸爸會把我帶到四樓的房間，跟我說，進去！就拿著一根很粗的水管打我，我就在狹小的房間裡一直逃竄，不管我怎麼求饒、怎麼哀號，爸爸還是一直打……」

「那時小小的你是什麼感覺？」

「我現在回想起來就是很害怕。小一的我不過就是無法適應學校生活，為什麼爸爸要這樣揍我？他也沒有嘗試了解我到底為什麼會這樣？」宇軒說著說著，逐漸收斂起笑容，顯露了自己的不解。

「我還有一個妹妹，我們都很怕爸爸。如果我和妹妹在家裡客廳看電視，只要聽到爸爸開鐵門的聲音，我們就會進入警戒狀態趕快離開客廳，不然就是立馬彈起來坐好，那種害怕的記憶還是很清楚。」

此時，一直是大家開心果的大男孩竟然流下了淚，為著童年裡未被療癒的傷。

「你現在心裡似乎有許多情緒在翻攪。可以再多說一點嗎？」我想，是時候了，邀宇軒多進入一些。

「我覺得很不公平。為什麼我的爸媽不能給我們快樂的童年？爸爸很兇，媽媽特別喜歡要求我們成績。也許因為我是長男，媽媽特別把成績的期待加在我身上。小時候我成績都是倒數的，媽媽常常訓我，我花這麼多錢讓你補英文還不如把錢丟到水溝裡還聽得到聲音……」

即便經濟不寬裕，宇軒的媽媽還是願意花許多錢送他去補英文，媽媽濃濃的愛裡頭夾雜了巨大的期待，小小的男孩很難承接。

「我的成績慢慢進步，到了小六我居然拿到了第一名！媽媽本來答應我拿到第一名就要送我當時流行的直排輪。沒想到媽媽冷冷地說，這次不算，因為大家太弱你才拿到第一。我雖然很難過，也不敢多說什麼。後來我繼續認真準備考試，下一次月考我果然每科都滿分，一題都沒有錯，我好高興的拿了考卷和獎狀回家……」

在一個過往難得的榮耀記憶中，宇軒竟然再度哽咽的說不出任何話……

「沒關係，慢慢來……」我感覺宇軒正在經歷一場難得的內在重整，需要一些時間的沉澱。

「後來我爸媽真的帶我去逛運動用品店找直排輪。可是，我看到價錢這麼貴，我根本不敢說我想要這個，想要那個，我媽有點兇的問我好幾次，我都不敢回答，最後，逛了一圈我什麼都沒買……」

宇軒心底的「不敢」觸動了我，我的心也跟著沉了下來。宇軒終究不敢要禮物，媽媽終究沒有買禮物，這個遺憾還深深的盤踞在男孩的心底。

從「不敢」到「敢」

我想到那麼不喜歡爸媽的宇軒，大學畢業後的實習竟然選擇回到故鄉高雄。

「你怎麼敢回高雄實習呀？」

「我也不清楚，我都已經離家四年了，我想以後沒機會留在高雄，就再多一個機會留在家裡」。宇軒對家人雖然很憤怒，但是感覺還有些依戀，好像還有個期待重新去調整親子關係。

「我還是忍不住會期待，期待可以彌補多年前的缺憾。我知道很難……」

「我實習那一年跟我爸有許多的爭吵。譬如說爸爸總是堅持他說什麼我就要馬上做什麼，我只是說等一下手邊的事情做完再去，爸爸就會破口大罵！現在的我會回辯，等一下又沒什麼差別……」

我感覺到長大後的男孩在與父母應對上已經不一樣了，多了許多小時候沒有的「敢」。當我提到現在的宇軒更「敢」了，激勵了他繼續往下說：

「實習這一年還發生一件大事。小時候我爸媽開始保管我的存簿，每一年的壓歲錢都存在裡頭，即使我成年了他們還是保留我的存簿。我只有提款卡，他們可以查到我花了多少錢？我上大學後，就用了一點手段，說當學校助理要存摺影本，用這個理由把存簿拿了過來，就沒還他們了。我一向不喜歡欺騙，但是這是少數我可以應用的手段。」

「這件事對你有什麼意義嗎？」所有對自己印象深刻的故事都有著意義，值得透過敘說召喚出來。

「我終於有個事情脫離爸媽的掌控，好像為自己畫了一個獨立空間。我慢慢理解如果經濟不能獨立，我就得一直得聽他們的話，我大一開始打工賺錢，錢就放在自己的存簿自己管理！」

故事的後半段走向愈來愈不同，那個小時候一直都不敢的男孩說話愈來愈大聲了，雖然大聲辯解常常不是最好的溝通方式，但是我感覺到這些年宇軒已經在家裡站了起來。

「很久之後他們才發現我根本沒有歸還我的存簿。有回爸媽突然質問我是不是把存簿拿走？我說『對！』」

「你怎麼敢這麼直接？」我嚇一跳，宇軒對自己的作為完全不加掩飾。

他振振有詞的用上了法律的理由：

「爸媽一起問我怎麼存簿都沒有還他們？我說法律上這是我的財產，我本來就有權力。爸媽說這是為我存的。可是實習期間沒有薪水，我已經沒錢生活了。我爸威脅我現在拿出來，我當下馬上拒絕，小時候的經驗又湧上了，我很害怕，但是我知道我沒有錯，我知道這筆錢對我很重要，有這筆錢我才能每天實習完在咖啡館待到半夜才回家，我才能有自己的空間。我打死不退，堅持自己的立場。」

「我打死不退，堅持自己的立場。」最後這兩句，如同宣誓一般聲調特別的重。

「常常你為了爸爸的暴怒、家庭的和諧會願意退讓，這次你為何不想退讓？」

「我真的很需要自己的空間，所以我堅持不把存簿退還。小時候的記憶又回來了，那時的我太委屈，我連自己想要的東西都拿不到，經濟獨立我才能擁有自由！」

我腦中閃過許多「你怎麼敢？」「你怎麼敢？」的字句，小時候那麼個乖巧、什麼話都不敢說的小男孩，現在怎麼敢鼓起勇氣跟爸爸據理力爭？我好奇這個勇敢是怎麼來的？

被寵愛的記憶是生命中最堅強的後盾

轉變是一段累積的過程，其實很難釐得清轉變的來龍去脈。**而我想聆聽的不只是宇軒的悲慘童年，或許有些溫暖的記憶也並存在童年裡，支撐著那個小小的宇軒。**

宇軒提到了童年裡的重要親人：

「小時候爸媽都忙著工作沒空照顧我，國小一放學我就到阿公阿嬤家寫功課，他們很疼我，會買給我點心和小玩具，特別是外公，他會聽我說話、帶我去百貨公司，問我要不要買什麼？我也不敢開口，但是我會小小的點點頭，阿公就會買比我想要的更多東西，他們補足了許多我從爸媽身上得不到的關愛，讓我感覺到被重視。」

回憶起這段被寵愛的經驗，宇軒的喉頭又一陣酸楚：「我外公已經過世了。」

即便外公過世了，但是曾經可以被捧在手心呵護的那份愛，都是讓他還可以撐過與爸媽黑色記憶的微微亮光。

我覺得自己被我自己聽到了

不過我還是不想放過宇軒，想更清楚眼前的宇軒怎麼轉變的？怎麼從「不敢」變成「敢」的？那個縮在角落委屈求全的小男孩，怎麼可以站起來理直氣壯的對爸媽說話？

「你身上有什麼好東西，可以讓你從退縮到站起來，無論如何就是不能被撼動？當你最後說起和爸爸的對峙之時，那個神情語態和當年的小男孩完全不一樣？我很想找到這個屬於你生命故事的精華。」

「美好的特質？常常人家問我這個問題我都答不出。」宇軒努力想還是想不到。

我想換個角度切入：

「我想知道為何你那麼關注這批反課綱的高中生？這些學生有什麼吸引你？」

「他們堅持正義，他們認為明知不可為而為之，那種不屈不撓追求正義公理事實的態度，讓我很敬佩。我這幾年非常在乎公平與權益，抗議那種侵害人權的事情。我想到自己從小的權益不斷被剝奪，那種悶不吭聲不斷縱容了我的家人，有一天我覺得我不能再這樣了，不管結果如何，我的聲音一定要被聽到，那是一種來自內在追求平等的心，不說話永遠都沒有機會找到你要的東西，話語權是不能被消滅的！」宇軒回答的振振有辭，每個音節都紮實而清楚。

「嗯…我覺得自己被我自己聽到了……」結尾竟然是這句讓我詫異的回答。

「說著說著，你愈來愈清楚那些學生就是你自己呀！！」我微笑回應。

「我從來沒有想到當這些學生被說成暴民時，為什麼我會這麼生氣？今天以前我不知道這跟我自己的生命有什麼關係？原來這些故事都可以回頭呼應我自己的生命經驗！」

「你跟他們一樣的勇敢。」我表達出對他的欣賞。

「我上大學後，參加了一個探討台灣戒嚴時期白色恐怖的營隊，開始結識一群關心台灣社會的朋友，受他們的啟發，我漸漸也去關注各種社會議題，我看到許多勇敢的人出來爭取公平正義、出來捍衛自己身為年輕人的權益。我也慢慢受到影響，從家庭裡、從生活裡慢慢變的更勇敢、更獨立，更能夠表達自己想要的。」

哇，我再度讚嘆，宇軒終於可以說出自己的正向改變，他以靦腆的傻笑回應了我。

轉變帶動了轉變

奇妙的是，在歷經存簿事件的衝突後，男孩發現爸媽出人意料的正向轉變：

「存簿的事情鬧開來之後，爸媽有了些調整。叔叔老是喜歡追問我畢業後的工作，我覺得不耐煩就擺臭臉沒回應他，爸爸居然說找工作是我的事，叔叔自己白目愛管閒事；有一次回家媽媽還當面對我說，你現在脾氣變好了，比較喜歡現在的你。我很開心，這麼多年來她第一次表達出對我的看法，第一次覺得我們可以平等的互動。」宇軒的語調不再憤怒，而逐漸轉為溫柔低吟。

「有一次我回家，媽媽甚至主動過來擁抱我，上一次的擁抱是幼稚園的記憶了……」

「可以多說說一點那個擁抱的畫面嗎？」我好想進入那個動人的畫面裡，我也相信畫面會喚回更多的情感。

「媽媽在我心裡一直是很大很權威的，但是在擁抱中我很感受到她比我矮了一個頭以上，我們的距離其實不如想像的遠，我已經不再是小時候的我，我們已經可以在一個水平上互動了。」帶著啜泣宇軒繼續敘說著。

那個擁抱的畫面很觸動我，以前的我也覺得媽媽很巨大，可是這些年學著擁抱她，真實的肢體接觸才讓我發現她比我想像的更柔弱，我們之間的關係才逐漸有新的翻轉。

在重大衝突後宇軒的爸媽反而變的柔軟多了，我不知道他們發生了什麼？

「我感受到你們一家的愛很深刻，爸爸從權威霸道的一面轉變成可以支持你，媽媽這一年來也漸漸可以表達對你的愛。只是還不清楚怎麼會有這種轉變？從你開始說自己的故事之後，也許有一天，輪到你聆聽爸爸媽媽的故事。」

宇軒轉變的故事還在發生，期待著下一回更精采的故事。

好好聽見自己，給自己一份欣賞

宇軒的故事深深觸動了我。正因為他曾經是那麼的不敢，更能看到他變得勇敢之後所展現的剛強生命。**勇敢從來都不是輕易獲得，在苦痛掙扎後淬煉出的勇敢才真正令人動容。**

勇敢進入自己波濤洶湧的生命旅程，不但回頭審視自己曾經從家庭受過的傷、也省思自己承接過的溫暖以及一路以來的改變，**這樣深刻察覺自己一路以來的轉變，就能好好聽見自己、好好給自己一分欣賞，讓自己的生命安穩站立。**

渴求愛的男孩
——「自殺」是希望被理解

我在校園碰到了他。

他眼神異常的空洞，我關切的問了一句「你好嗎？」他冷冷地回我「很好呀！」。很明顯的想隨意打發我的關心，我也不再多問。短暫交會後，我到了研究室，想好好做點事。

大約半小時吧，他竟然跑來我的研究室，不熟我們系上地形的他，顯然特地詢問過才找到這裡的。他表情平淡的問，「老師你有空嗎？我想找你聊聊。」

我很意外。

許多學生知道我的習性，來找我聊天就會往內走。

但是他和大多數男性一樣不談情緒、不談內在的。雖然只有認識他兩學期，但是他只喜歡談論自己的目標，而他也多次大方表明自己未來的生涯規劃，一畢業後就進入商界發展，賺錢第一，工作第一，其他對未來茫然的同學都羨慕著他知道未來要追求什麼。

其實我手邊有事，但是他的來訪太不尋常，透露出急切的求助意圖，所以我決定邀請他坐下，一起聊聊。

「自殺」只是渴求被理解

他冷笑了幾聲，說起自己：

「我現在很平靜，真的很平靜，平靜到什麼情緒都沒有，只是想自殺而已。」

我很訝異這句話從這麼充滿自信有定見的他說出，而我能幫助他什麼呢？

「很平靜卻又想離開這個世界聽起來很矛盾？」我好奇著。

「我真的沒有情緒了，以前還會生氣，但是現在都很平靜了……」

「曾經發生什麼讓你很生氣？」

他欲言又止，我跟著一起靜默著，等了一會，他終於開口：

「我很容易喜歡上別人，特別是別人需要我的時候，我會覺得自己有價值感。」

曾經在下課時間，聽起學生開玩笑地說起，他是領有好人卡的男生，女生有什麼事都可以找他幫忙。每個班上幾乎都有一、兩個這種領好人卡的男生。

「那……發生了什麼讓你想離開這個世界？」

「我希望別人不只有需要的時候來找我，而是更真實地看到我！」他清楚的表達了自己的期待。

我困惑著：「那個真實的你是什麼樣的面貌？」

「我也不知道……」

我提出了邀請：「你想要我引導你探索那個真實的自己嗎？」

「嗯。好。老師，你別擔心，我不會真的去自殺的……」

善良的他回過頭來安撫我的情緒。其實我不擔心他真的自殺，因為這回他一反常態地前來求助，我確信他的求生意志很強，他還想改變什麼。

臨時的造訪，我的時間不多，我總結了自己心裡的想法：

「我很欣賞你願意前來求助，這對你很不容易，也是你改變的開始，雖然我們都不清楚那個真實的你是什麼？但是如果你願意，下一次我們可以繼續聊聊，一起探索。」

我們的談話就停留在這裡。

我很孤單

一個多星期後，我們依約再度見面，重啟了兩人的談心。

「你到底是怎麼樣的你？」

還是那一句：「我不知道……」

「那就一起來探索吧，我真的很好奇……」

談話的過程彷彿繞路一般，不太找得到方向，就這麼前前後後的到處張望，喔，慢慢地，出現了一段還沒開始就失落的戀情。

「如果女生來找我幫忙，我很容易喜歡上對方，那是一種……相互扶持的感覺。」

我很不解：「明明是你去幫助別人，怎麼會變成相互扶持？」

「因為我陪伴她的時候，她也同時陪伴著我……」

「你很孤單嗎？」我紅了眼睛輕輕地問。

他「嗯」了一聲，重複了「我很孤單……」。

這一刻，我倆默然，深深的悲傷在研究室裡共鳴著。

這一刻，一八〇公分高的他，不過是個躲在角落裡的小男孩。

原來，通往心底的路這麼長，需要繞很大一個彎，才能看見心底要的不過是陪伴，樂於助人的背後，除了熱心，更有著渴求陪伴的呼喚。

「你可以試著直接說出你想要陪伴嗎？而不是繞個彎透過幫助別人來得到陪伴？」

男孩低著頭，無語。

渴求愛的小男孩

一會之後，他提起了自己的媽媽。媽媽是個別人口中的「小三」，生下了他和妹妹之後，就自己和兒女一起生活，所謂的爸爸對他們來說就是偶爾會來探望的「那個人」，不但沒什麼印象，更沒什麼感情。媽媽的情緒非常不穩定，無從預測她什麼時候會發飆，她最常表達情緒的方式就是大聲嚷著「我要去死了，你們別攔我！」然後開門走上街頭，留下在屋裡頭害怕焦慮的兄妹倆，沒一會媽媽又完好的回來了，一副沒事的模樣；也曾經媽媽在廚房裡煮菜，拿著菜刀一邊用力剁著菜、一邊說著要帶兄妹倆一起去死。這種自殺的瘋狂戲碼不斷上演著，男孩的知覺逐漸麻痺，不再感覺到害怕驚慌，愈來愈可以冷靜平淡的面對這一切。

媽媽投入許多時間在職場上，不知是否因為這個緣故，媽媽從未參加過學校裡的親師座談會，也不曾和學校老師主動探問過他，而他一路爭氣，在學校努力表現，不管是成績或是行為都不曾讓老師擔過心，甚至還會經常主動幫忙老師與同學，所以成長過程中，許多老師不曾注意到男孩來自單親家庭，偶爾從學籍資料裡看到男孩的家庭狀況，會讚嘆男孩是個奮發向上、熱心助人的單親孩子。

男孩說著說著，我愈來愈清楚男孩心裡那麼深的孤單從何而來了？他很快就學會用冷酷來面對家中情緒狂飆的媽媽，很快就學會壓抑自己心中對愛的渴望，在學校裡轉而用好表現來贏得老師同學的肯定。

可是肯定和愛是截然不同的兩回事，

肯定是要很努力地讓「自己夠好」才換來的，

愛卻是「即使我不夠好」都值得擁有。

男孩把心力放在追求別人的肯定，愈來愈把那個渴求愛的自己放在愈深的裡面。

「我從小會說自己是單親家庭的孩子，說我媽媽很辛苦，這類很勵志的故事。」男孩冷冷的笑著，他很清楚這個社會喜歡的是勵志的故事，那種即使在逆境之中仍然奮力向前的故事。這樣的生命力固然很美，但是，是不是看待故事的角度太單一？

「其實，我很討厭我媽媽，我巴不得早點離開這個家！我小時候就很清楚，有一天要趕快工作賺錢……快點經濟獨立，離我媽愈遠愈好！」

男孩終於說出自己的內心話，不再是呼應社會主流價值的故事，而是真實而勇敢的自我心聲。**多年來他隱藏了對媽媽的恨意，然而，對媽媽的恨意愈深，其實是對愛愈強烈的呼喊。**

聊著聊著，男孩的談話不再迂迴前進，而可以直通內在：

「所以對我來說，有一個女生來找我幫忙，我喜歡上她，不是只想談戀愛而已，我會很想跟她建立一個屬於自己的家，找到自己的歸屬感……」

失落了一段感情，對男孩來說，不只是失去一次體驗戀愛的機會，更是失落了一個家、一個歸屬感的沉重。一時之間我不知如何繼續引導他？不過我相信，給出一個空間，讓男孩把積壓多時的故事說了出來後，至少，他會多了一點往前走的力量。

先學著陪伴自己的孤單

在我眼前說故事的，並不是個高壯的大男孩，而是個渴求愛的小男孩。

小男孩在家裡得不到愛，他學會用壓抑與冷靜而對 切，他隱藏了自己對媽媽的不滿、隱藏了自己對愛的強烈渴望，轉而在學校追求好表現，透過熱心助人來贏得別人的肯定，他換得了許多的肯定、但是卻無法填補自己深刻的孤單。當孤單絕望累積到最高點，他只好用「自殺」的說詞掩蓋自己得不到愛的絕望。還好，他願意前來求助，願意為自己爭取一個被關心的機會，就為自己卸下了自殺的念頭。

當小男孩如實承認內在的孤單、如實承認家庭的缺憾，他才能重新為自己找到愛與陪伴。

孤單的小男孩其實也觸動了我內在孤單的小女孩。有很多年的時間我也習慣透過幫助別人來討愛，花了很多很多的時間才終於看見、終於承認自己要的，不過是別人的愛。

不過，終究要先學著自己安頓孤單，終究要先學著自己陪伴自己。

這幾年我逐漸增加自己獨處的時間，透過書寫、散步、靜坐與旅行各種一個人的練習，慢慢可以跟自己對話、慢慢可以給自己愛的滋潤、慢慢可以跟自己的孤單相處，慢慢可以看見孤單裡的豐盛。

祝福每個孤單的小男孩與小女孩，學會自己陪伴自己、學會找到讓自己安穩的力量。

02

「給在人生森林裡徬徨前進的你」

曾有的探索絕不枉然

身為教育系的老師，在系上培養具有小學教師資格的學生。每一年，看到畢業生踏出校門，在小學歷經半年的實習、考教師檢定拿到教師證，然後為了取得少數的學校教師資格，一個又一個在教甄的考場上奔波，心底有股說不出的心疼，心疼的不只是初上社會戰場的你們必須經歷嚴苛的考驗，心疼的也是二十多年前的自己……。

躍躍欲試的踏上實習之路

我從小除了幻想白馬王子之外，上國中以後就知道自己一定要當老師！可能是覺得女生當老師以後找老公比較容易，或者是從幫助同學的過程中得到成就感，說不定還不知不覺的將傳統中「傳道授業解惑」的道德使命內化到我骨子裡了。總之，從十三歲以後我就知道自己當定了老師！

考大學時，我唯一的目標就是師大。不知是幸也不幸，因為國文成績只達低標，所以雖然上了師大，只能到重視國學的國文系。這四年中，課業渾渾噩噩的應付，沒學到什麼國學知識。不過我總覺得好老師最重要的不是學科知識，而是人格特質以及輔導知能。我對自己溫暖的特質有些自信，似乎同學有什麼心裡過不去的地方，都會找我傾吐。大三開始我就去參加救國團張老師的嚴格訓練，一年之後成了掛牌的幼獅張老師。四年的學科訓練就算沒做好，起碼有關懷的人格特質，加上我學會的輔導知能。四年之後，很高興自己終於可以上路了。

當時的學校實習制度和現在大不相同，不但長達一年，在實習學校裡也沒有指導老師可以請教，一個菜鳥老師就實際上場主導一個班，領的是新進教師的薪水。位於高雄市的郊區國中是我第一個生涯起點，一間以漁民子弟和勞工子弟為主要對象的中學。當時的我有著堅強而單純的心理學信念，認為只要靠愛心就可以克服與學生之間的階級差異，躍躍欲試地就進去實習了。

教學現場點點滴滴累積的挫折感

國中教學現場是場震撼教育，擔任一年級的科任國文課，最受不了的是班上兩個讓我頭痛萬分的大魔王，我永遠不知道如何擺平他們才能好好上課。我嘗試忽略他們在上課搗蛋的言行，也試過私下和他們稱兄道弟，希望上課可以配合一些。可惜這招只對其中一個管用，另一個魔王遠遠在掌控之外，唯一慶幸的是，我不用以導師的身份和他們每天相處。

每天、每週周旋在例行的上課經驗中，課餘之際，還得面對一堆瑣碎的行政業務與上級發佈的無聊公文與活動。每天回到住處，只能和同期進學校的戰友一起牢騷幾句發發怨氣，無力的挫敗感點點滴滴地累積……

曾把教師當作比天還大的神聖志業，自以為已經做好萬全準備的我，面對一群來自低下階層被放棄的學生卻不知該如何切入？我只能下課和他們聊聊，賺個「親切」的封號，卻沒法改變他們成為循規蹈矩、熱愛學習的學生。問題到底在哪裡？是我的教法觀念不對？還是他們有問題？而我又該向誰求救？除了帶班上課的無力之外，讓我更質疑的是整個學校體制的問題。也許是大四那年聽了人本教育基金會的演講播下的人本種子在發芽，對於學校髮禁以及一堆整潔、秩序的比賽十分不以為然：

為什麼中午不管想不想睡，一定得趴在桌上裝睡才算秩序良好？

為什麼教室窗戶規定要開往同一方向，才有希望整潔得名？

為什麼每天的升旗典禮，都在訓導主任的恐嚇威脅下充滿肅殺之氣？

為什麼會有「愛家、愛鄉、更愛國」這種充滿政治意識形態的演講題目？

為什麼導師要對學生頭髮有沒有瀏海、頭髮有沒有太長斤斤計較？

學校處處林立的常規、戒條壓得我喘不過氣來。

每天，我問自己：這樣的日子還要多久？

難道我要待在這樣的地方十年、二十年甚至到退休？

大概在第一學期將近末了的時候，在學校長期累積的挫敗，以及先前的感情傷口不斷隱隱作痛下，我終於決定要了結一切。並且用最徹底的方式……離開人間！

我開始探聽可能的自我了斷方法：每回週末在爸爸載我回家的路上，禁不住的注視一棟新落成的大樓，揣想種種可能的跳樓情境；和住屋隔壁廟裡的和尚，若無其事的聊起瓦斯自殺，還有安眠藥自殺的話題。初步結論是瓦斯自殺雖然死的祥和，但是租屋在外沒有廚房的我缺乏可能性。

「還是安眠藥好了！」是我歸納後的結論。

一來可以符合我怕痛怕醜的本性，不過重點是份量一次要買足，不然失敗後洗腸更痛苦。在一個室友們正巧都不在的寂靜夜晚，只留了桌上的昏黃小燈。心情平靜卻毫無求生意志的我，安靜的寫下了三封遺書。遺書中沒有恨與痛苦，只有無盡的疲憊與好想好想休息的期待。寫完遺書後，出門去藥房買安眠藥。到了藥房門口，徘徊了好久才鼓足勇氣進門說明我的來意。老闆也許是識破了我的詭計，還是他原本就是奉公守法的好公民？總之他馬上否決了我想買一大瓶藥的念頭：

「安眠藥只能一次買兩顆，我不能賣你一瓶！」

理不直氣不壯的我只是吞吞吐吐的回了一句：

「買一瓶…不是比較方便嗎？不用…常常來買……」

「對不起！就是不行！」

「那……就不用了！」

知道兩顆也起不了作用的我，只能悻悻然回到寢室。懦弱的我沒有再接再厲到其他藥房去問，也沒想到逐次累積安眠藥的顆數，更沒想到改變其他的自殺方法。反正那一瞬間凝聚的自殺勇氣就這麼莫名的崩解了……那就繼續的苟延殘喘下去。

接近第二學期末的某一天，不知從哪裡看到人本基金會開設森林小學師資培育班的消息，是台灣首間體制外的另類小學在招考老師。我的眼睛一亮，大四時接觸人本曾有的悸動與衝擊重新湧現。我決定再次奮力一搏，暑假北上參加培訓班，給自己一個轉換跑道的機會。

參加的學員只有我是來自師範體制的，其他都是想參與教育行列的一般大學生。課程當中史英、朱台翔及黃武雄深深感動了我。特別是黃武雄儒雅溫文的風範，說起每個人的獨特價值與求知的發展歷程，不斷激勵我重新思考人的存在意義，激發了我想到森小教書的決心。在課程結束後的教師甄選面談中，我強烈的表達願意賠四年公費進入森小的意願。最後他們以經費有限、只需要一名自然科背景的老師來婉拒出身於國文系的我。

本來考慮調到北部任教，可以和人本伙伴相互交流，可惜時間短促調動不成，開學後我依然回到原本高雄的學校。既然無法跳到體制外，也轉不成到北部的學校，好吧！那我就用嶄新的人本理念回到戰場再一次出擊。

一九九一年九月初，已經實習一年成為正式老師的我，重新回到學校迎接新的學年度，用新的理念迎接新的一班。

用人本教育理念再出發

開學之前，國一各班學生重新組合成國二的十個班級，要透過公開抽籤決定國二各班的導師。我只有一個希望，那位把我整的很慘的大魔王千萬不要到我班上。怎知我抽到二年一班的導師，最怕的大魔王偏偏在我的班上。一時之間天旋地轉，始終搞不定他的負面經驗一湧而上。我真的不知道為何上帝要給我這個嚴苛的考驗？

開學第一天，我開宗明義闡釋了我的人本理念：

第一我絕對不會打人，特別痛恨因為成績不好而打人。

第二我希望建立彼此尊重的關係。

第三我會尊重他們的意見與想法。

就這樣，開展了我以人本理念班級經營的序幕。班會時大家一起訂班規，中午午休不想睡覺的同學可以安靜的做自己的事，利用週末放假我帶他們去市區看表演。我的「名聲」似乎一下子就傳開了，有其他班的學生主動去找校長，希望可以調到我們班。學校同事則好心地告誡我，尊重學生會讓學生爬到頭上的下場，或好或壞的反應都讓我心慌。

但是最讓我頭痛的還是大魔王。上課時不是丟紙條、就是到處走動，下課時忍不住戲耍女同學。我無奈的界定這樣的學生為俗仔，我尊重每個學生的人本信念在他身上不斷受到挑釁。我試著將他當作可以協議的成熟個體，私下和他訂定規範。他口頭答應我，上課卻又繼續我行我素。我只要看到他又不遵守協定，就不自覺的一把無名火上衝，將近一半的上課時間都在和他奮戰，當我臉紅脖子粗地對他搬出所有人生大道理，逐漸精疲力竭後，他卻仍然精力充沛、繼續嘻皮笑臉。在與大魔王鬥法兩三週後，我的愛心城堡地基全盤鬆動了，我不知道人本信念對這類不按牌理出牌的人種是否無效？我也不了解除了體罰這類低級手段是否還有可能教養這類學生？又想想其他同事質疑我所謂讓學生自我決定、自我負責的帶班方式，可是我短期內又拿不出什麼成效可以證明，我慌的不知所措，而學校日復一日的節奏卻無法容忍我停下腳步思索。

為了自保，倉皇而逃

「我一定要逃離這裡！」這是我開學不久後逐漸凝聚的唯一念頭。

於是我三番兩次對老爸老媽宣告我要賠公費辭職的念頭，他們當然不肯我放棄這個前景看好的工作，我只好不斷使出哭鬧的老么伎倆。同時，校長那邊我也誠懇的提出辭呈。他千方百計挽留我，還主動聯絡我父母一起勸說。我知道學校位置偏僻，不容易找到代課老師。但是堅決的我只肯退讓到一找到代課老師就離職。那些機靈的國中生馬上看出我離職多半為了大魔王，紛紛挽留我，為我獻計該如何對付他，同事也一再說辭職並非明智之舉。但是，一向軟弱的我當時意志卻如鐵石般的無可撼動。即使學期中離職，會造成學生適應上的諸多困難；即使學期中離職，會帶給校方找代課教師的困擾。可是不管別人怎麼說，不管我心底對學生有多深的愧疚，我只知道我僅餘的生命能量只夠我一個人苟延殘喘，我再也無法負荷與承擔任何生命了。

為了自保，我一定得逃，即便是倉皇而逃。

校長找到了代課老師終於點了頭，學生們終於了解我的無可改變，我把一年來實習存下的薪水再加上爸媽出的錢湊足了十七萬元的公費賠償金。一九九一年十月七日，開學後短短一個月，我帶著十七萬元北上台師大實輔處進行賠償公費的程序，附上一張隨便捏造的「即將轉任他職」的離職說明書。不到半個小時，輕鬆終結了我一年一個月以來的噩夢，卻也賠上了我長達十年的教師夢。走出實輔處，背負著沉重的恥辱，我興奮地用力呼吸著每一口自由的空氣。

這天是我二十四歲的生日，我頭也不回的離開了國中的教師崗位。

回頭想想當時的決定，只能用衝動魯莽來形容。沒人理解為什麼我不能用稍微圓融一點的方式解決問題？為何沒辦法多待四個月撐完一學期？那麼對學校和學生的衝擊真的會比較小。既然有想考教育研究所，為何不邊教書邊準備考試？一方面確保飯碗，之後還可以留職停薪進修，多兩全其美？

其實，我也不懂我自己。

我只知道當時我的困惑與挫敗感已經嚴重壓迫到自己的生存，除了轉身離開我別無他路。儘管為此我得不到他人的諒解，儘管為此我深深傷害了學生對我的信賴。這是我第一次發現自己這麼的倔，倔到無可商議、不留餘地。也許是我內在潛藏著一股強烈的求生本能，一嗅到自己體內無法遮掩的絕望，就只能絕情地撇開他人來拯救自己。我的確透過這個不留後路的手段暫時保住了自己的存在，往後的日子卻讓我不斷承受自我否定與懷疑的後遺症。連我自己的夢想都撐不了一年一個月？一個學生可以擊垮我對人性的信心，挫折忍受力這麼低，我到底還能做什麼？這些困惑不斷打擊著我，我得好好想想下一步該怎麼走。

走進一片錯綜複雜的人生森林

既然執意的從國中出走，之後的我走進了一片錯綜複雜的人生森林。怎麼走是捷徑？哪條路可以通往下一個風景？而下一個風景比現在看到的更美嗎？正如一向搞不懂地理的空間位置，行走在人生地圖上我同樣沒有概念，只能憑著一股傻勁與直覺往前行進。

起碼，我很清楚自己就算不當國中老師，但是一定要當某種老師的意念仍然很強烈。那時，我還不會使用「夢想」這個詞彙，既然還不知道下一步怎麼在教育圈發展，那就轉個彎去唸教育研究所，改由理論層面重新深入教育問題，兩三年的時間總會摸索出下一個方向吧？這個想法總算撐住了我快散掉的生命框架。如果考不上呢，那就去找個記者的工作，我唬弄爸媽時是這麼講的。

以我國文系的出身，要準備教育類科真的沒什麼把握。找個朋友問了一下參考書單，洋洋灑灑的好幾十本書。在那個沒什麼考研究所補習班的年代，聽說我們高雄有間補習班可以補「教育心理學」，於是去補了這一科，其他科目就自己準備。為了不當個米蟲，我還找了一個作文家教兼差，有空的時候，跑去救國團那邊幫忙帶青少年的營隊活動。其餘的時候，就是到一間泡沫紅茶店K書。這樣的日子過了半年，一晃就到了隔年的研究所考試。傻傻的我只報了兩所，第一間是最早考試的政大教研所，得去練練筆，分數真是不堪想像，然後就把唯一的希望放在台師大教研所。正好，就如我所願進了台師大。

住在家裡半年，我早已悶得慌，儘管沈重地抱著白我解救的使命北上念研究所，卻又輕盈地想像著在台北重享無拘無束的自由。一九九二年九月拎著大包小包的行李我抵達了暌違兩年的台北，除了幾家商店換過之外，可以在這裡橫衝直撞的感覺仍是那麼的熟悉……。

到了教研所，在學長的鼓勵下，我接觸了教育哲學的課程。從小以為自己只能散播溫暖散播愛，沒想到我竟然會被理性的思辨內容所吸引，逐漸開發了我對教育哲學的興趣。選了一個很哲學的論文題目鑽研，一邊寫碩論，一邊閃過是不是以後要去哲學家的國度德國留學的念頭？這意念來的很突然，覺得不太踏實，我決定多方嘗試看看。首先我想探探自己是不是學得起德文，我就去德國文化中心上德文課，碩二進一步去台大旁聽「哲學德文」，不斷地在課堂上慘遭老師重重羞辱，愈來愈覺得這個文法複雜、發音僵硬的語言系統只是打擊我自信的工具。語言學習的挫敗之餘，我還一邊盤算爭取公費獎學金出國念書的可能。所以我一邊當助理賺生活費、一邊寫著碩論、一邊學德文，還一邊準備考教育部公費留學考試，那時的我幾乎每天從早到晚窩在研究室，忙碌之餘還伴隨著許多的自我懷疑與掙扎，但是靠著一小群長期駐守在研究室的學長姐、學弟妹的相互扶持，在一九九三年的六月三日完成了論文口試，居然還是我們班很早畢業的。

那張薄薄的證書沒帶給我什麼特別的興奮感，不過寫完論文起碼證明了我存在的價值，雖然從教育現場臨陣脫逃，至少我還是能夠好好做完另一件事，證明我不是一事無成。

三次公費留學考試的挫敗

準備公費留考是場長期抗戰，解決我的經濟問題是最重要的。我先擔任系上老師的專任助理，想說藉著地利之便可以多蒐集資料。助理的工作很雜，有時甚至要加班到半夜，閒暇沒有預期的多，一方面繼續接受德文老師嚴酷的考驗，另一方面我又去台大哲學系旁聽歐陸哲學的課程，除了一些僅餘的休閒娛樂，其他剩下的時間就是唸書準備考試。另外，衝著當時博班全職生每個月拿一萬五的獎學金，那就再順便考一下師大的教研所博士班。

未來還不明朗，我踩著不太確定的步伐，在通往未來的各條路徑上不斷摸索。

第一次的博班考試差了一點，沒上。

第一次的公費留考，進入了第二關口試，但是最終還是被淘汰。

考試失利帶給我不斷的自我懷疑，懷疑自己真的有能力可以擊敗群雄？懷疑自己真的適合做學術研究？懷疑自己是否真的一定要去德國留學？一時得不到解答，只好讓前途茫茫的感覺繼續折磨著我。

接著又是第二年的嘗試了。

多了一點實戰經驗與準備，期待又更大了些。

博班考試，還是差了一點，又是沒上。

第二年的公費留考改成了另一個全新的學門，這次連口試都擠不進去。

怎麼辦？怎麼辦？我所有的考運可能都在考碩班之前用完了，而且一點都不剩。沒有獎學金我不可能出國，難道二十八歲的我一切又要從零開始嗎？雖然我對學術研究有興趣，但是興趣又不等於能力，而且上帝始終沒給我答案，到底這是不是條適合我的路？

在長久的掙扎與徬徨後，在一九九五年的某個深夜，我一如以往的為自己的未來禱告，禱告中突然有種極深的感動降臨，一瞬間我的心眼亮了，前景豁然開朗，體內所有的茫然、掙扎和焦慮神奇地轉化為一股極大的生命力，推動著我堅持下去爭取獎學金，勇敢地面對未來。

接著，我辭掉了助理的工作，積極地尋找自己考試挫敗的原因。我把過去的考古申論題拿來重作，交給學長和友人審閱，他們強烈建議我改變答題技巧。雖然心底還是忐忑，但是我決心嘗試第三次。

感謝上帝，第三年博士班終於上了。

第三次公費考試，又是一個全新的學門。居然我遠遠超前第二名，在無人競爭的情況下口試上了。

這一年，我二十九歲，雖然還在龐大的人生森林裡，但是我已經看到了更遼闊的景色……。

回想起那些生涯探索的年歲，倉惶趕著路，常常忘了停下來看看四周的美麗景致。

美麗的是，

上帝滿滿的愛、學長友人的鼓勵支持始終環繞著我。

美麗的是，

當時旁聽了許多哲學課程，開闊了我的人生視野。

美麗的還是，

一邊趕路、一邊探路，迷惘而不安，脆弱卻也勇敢的阿媚。

人生森林裡有著這麼美的風景，讓我還能帶著淚懷抱著勇氣，繼續前進。

去德國念書又是許多掙扎卻又勇敢的故事了，七年後回國，以三十七歲的高齡開展了在嘉大教育學系的工作。

曾有的探索絕不枉然

回首這段生涯探索與發展的歷程，我繞了好一個大圈。當年的我著實不懂，為何上帝要讓我經歷這些波折起伏？然而在所有的茫然困惑中，我唯一篤定的是，我從不後悔曾經離開國中教師的崗位。**因為不後悔，所以，再怎麼茫然都堅持著往前走。**

如今我更清楚，曾有的探索絕不枉然。**過往的生涯轉折，讓我更能以理解面對在困惑中的你，更能用「慢慢來」的心態面對徬徨前進的你。**

為阿嬤考公職的男孩
——成為自己的愛人吧

幾年前在研究所開了一門課，選修的六個研究生全都是男性，很難想像在陰盛陽衰的教育系會出現這種狀況，更特別的是，六個男性從四年級到八年級都有。四年級的是一位命理師，已經當了阿公，年紀最年輕的就是剛畢業來唸碩班的，第一次有這麼特別的組合，我想，會擦撞出什麼不一樣的火花。

學了敘事之後，我好奇的想，如果讓這群有著陽剛形象的男同學試試看「狂野寫作」呢？通常我的經驗裡，女生的書寫更奔放自由一點，這回我來試試在男生班使用，第一堂課詢問了大家的意見，沒有人提出反對，還流露出一些興趣，好吧，阿娟就來玩玩看！

生涯最大的關卡是自己

也許是在課堂裡多了這麼個書寫心情的空間，有位年輕男孩開口分享了自己的故事。

他大學剛畢業就來考研究所了。大學時他最大的興趣是打籃球，幾乎每天都花很多時間打籃球，戲稱是教育系體育組的學生。不但可以每天從事著自己喜歡的籃球運動，同時也交了女朋友，他享受著這樣的大學生活。到了大四，即將面臨畢業的課題，他突然變的很慌張，不知道如何面對自己的未來。生涯議題通常會在大四這一年凸顯出來，對許多年輕人都是很大的關卡，**然而，生涯最大的關卡通常不是以後要找什麼工作，更大的關卡是自己這一關**。我好奇著，眼前這個年輕人自己裡頭糾結著什麼過不去？

男孩娓娓敘說著，小時候媽媽就離開了他們，爸爸也長年在外面工作，所以他從小跟著阿公阿嬤長大，就是大家口中的隔代教養家庭。在教育圈裡，我們太熟悉「隔代教養」這個名詞背後代表的意義，有些不言而喻的辛酸不必男孩說明就可以理解了。而因為男孩是唯一的孫子，所以阿公阿嬤全心地教養他。阿公是校長退休，阿嬤是老師退休，兩人來自於公教家庭，從小阿公阿嬤就耳提面命，教導他認真念書，為自己未來打拼的觀念。男孩果真就如祖父母所期許的一般認真念書，國中三年都是全校前十名，成為親人的榮耀。不過，教育往往是一場你追我躲的捉迷藏，家長愈強調愈重視的，往往孩子就更想逃躲。一上了高中，他就失去了念書的動力，一心就只想打他愛的籃球。阿公阿嬤期許他可以跟他們一樣當老師，不過高中沒好好念書的結果，只能勉強擠上比較遙遠的國立大學，總算對阿公阿嬤有了基本的交代。上了大學後男孩又繼續打籃球，也為自己創造了很多開心的回憶，可是卻有一種微妙的愧疚感在心底緩緩的發酵，他隱隱知道自己有一天要重新面對愛他養他的阿公阿嬤，給他們一個生涯上的交代。所以到了大四他突然陷入惶恐，籃球打得更兇，更不想念書，愧疚感也糾結的更深。大學畢業後回到老家，看到阿公阿嬤，他給了他們一個承諾：

「我不知道我這輩子可以做什麼，但是我希望有一個安穩的家和工作，我決定去考警察特考。」

他選擇先來唸研究所，然後一邊準備考試。可是他無法好好專注念書，那個過往四年一直在玩樂的回憶，一直跳出來折磨他，「為什麼你這四年都沒好好念書？為什麼四年都在逃避你的責任？」，即便他克制自己一個禮拜只打兩次籃球，除了研究所課業外，把其他時間都拿來念書，然而，就算杵在書桌面前，他還是情緒起伏，無法專心進入書本的學習。

送給自己愛與陪伴

常常我們糾結在問題中、在別人的期待裡，卻忘了回頭好好關愛自己。

我邀請男孩和其他男同學把自己當作最親密的愛人，寫封情書給自己，好好挪一點時間跟自己說說話、送給自己一點愛。男孩連下課十分鐘還沉浸在書寫中，我特別好奇他的書寫。上課時邀請他朗讀，他娓娓說出：

親愛的你最近還好嗎？我知道你很惶恐、無助，不過你放心，這次我絕對不會再丟下你一個人了，你不用再一個人躲起來了，我會永遠陪著你，牽你的手一起在午後的陽光下聊天散步。

對不起，之前的我好像都忽略你了，你如果想哭就哭出來吧！我也會跟你一起大哭一場，哭完了，我們再一起努力走下去。

你是我見過最善良最溫柔的男孩了，你並不懦弱，你有一顆無比堅強的心，我愛你！我真的好愛你！

文字的力量很豐沛，男孩念完情書後說，「老師，我感覺好多了，我好像找回那個失落好久，沒有好好面對的自己。」後來他透過臉書私訊跟我分享，最近準備考試的過程心情比較穩定，當焦慮又升起，他會寫幾句打氣的話給自己。

真的很不容易，一個男孩開始學著去關愛自己了。準備考試的心情總是起起伏伏著，男孩試著安穩自己繼續考下去，後來考上了警察四等特考，男孩太開心了，傳封私訊感謝我。

再度陷落：我好想讓阿嬤為我驕傲！

時間就這麼在匆促中滑過，完全不留機會多思索什麼。隨著課程結束，我順理成章以為男孩已經先進入警察職場了。沒想到，一年半後，男孩再度寫了私訊給我：

「怎麼辦？我六天後又一場考試，想考上又知道自己的程度還不夠，要如何跟自己對話呢？」

原來男孩沒有馬上去工作，保留了警察職，想繼續往上衝刺。不過考上警察後進入了倦怠期，沒有辦法把心思放在念書上。有次男孩帶女友回家，阿公對著他們說，「他還很認真的在拚三等警官考試，我們一起幫他加油！！」聽到阿公這席話，男孩差點掉淚了，覺得自己怎麼能對不起自己所愛的阿公？？從那天開始男孩又再一次決定拚搏，又有了動力去拼警官職。不過內在陷入了衝突，短短的四五個月如何可以充分準備去面對？是要試水溫放眼下一年？可是他又不甘心，一次拚上又似乎不可能……。

我在臉書這一頭有些著急地詢問著：「我感受不到你自己想要什麼？你的生涯似乎完全被家人的期待佔滿了。」說真的，我很受不了一個看不見自己的人。

「我想要一個安穩的工作和安穩的家，因為我自己的家庭不完整，所以我真的很希望一個平凡幸福的家。阿嬤曾經對我說，想看到我成家立業的那一天，我覺得我的時間不多了，我要在有限的時間裡讓他們為我驕傲。所以對我來說，對不起自己不會成為我前進的動力，反而對不起愛我的人才是影響我前進的動力。」

乍聽之下真的很難理解，我向來把自己放得比家人還重要，全然沒有讓家人以我為榮這些光宗耀祖的想法。年紀輕輕的男孩，在籃球場上恣意奔放、享受汗水淋漓的男孩，竟然把家人放在比自己更高的位置上。我覺得心疼、也覺得遺憾，我相信人終究要面對的是自己，終究要拯救的也是自己。男孩心裡有著對祖父母強烈的依戀與愛，不過我還是想提醒他回頭看自己。

「我理解你愛阿公阿嬤的這份心意。現在最重要的是，先回頭安撫自己焦躁不安的心。試著透過你所擅長的文字梳理一下自己複雜的心情，也溫柔地給自己一些愛與接納。」

然後，男孩往下潛，消失在臉書訊息中，再度升起吸口氣，又是一個多月過去了：「我只剩幾天就要考試了，老師，我發現我最怕的是讓阿公阿嬤失望，他們愈相信我會考上，我就愈緊張焦慮。」

「考前幾天先好好照顧自己，想想第一次考試準備時，你看到怎麼樣的自己？你展現了什麼優點？你曾經怎麼從準備考試的低潮中走出？」我只想提醒他身上所擁有的，不是考試結果好壞所能決定的美好生命力。

我晚了兩天回覆私訊，而正在我回覆時男孩已經進入考場了。

男孩回應我：「我好像好多了，先上了再說。謝謝老師。」

我會與黑暗的我作伴

兩個月後的放榜，結果是備取，因為前頭備取人數很多，等同於落榜，男孩的心盪到最低谷：

「我一科考差了，我昨天很惶恐、難過，簡直從天堂到地獄，心空空的，跟我第一年擔心自己能否考上特考的心情一樣，我覺得我什麼都沒了，我一直想著我只要再高一點，就那麼一點就上了。如果是老師，你要怎麼走下去？」

我想到自己當年考博士班和公費留考考了三年，情緒起伏不斷否定自己的歷程。當時，已經是基督徒的我，唯一做的，就是不斷咒罵無情的上帝，然後繼續大哭，接著再咒罵，再大哭。在這樣的往返中才慢慢恢復了氣力。而現在，我了解回歸自身才是找回力量的關鍵，我繼續鼓勵男孩寫情書給自己：

「我可以理解那種傷心失望的心情。我會再度邀請你寫信給自己，你是自己最好的朋友，這時你會如何陪伴自己？別猶豫，提起筆，這時侯，只有你可以拯救自己。」

男孩試著再度提起筆寫給自己許多許多的鼓勵，試著再度提起筆寫給自己許多許多的愛與陪伴，寫完之後他心裡還是覺得鬱悶。後來，他跑去浴室裡大哭，哭出所有的傷心難過，從浴室出來看到阿嬤，他抱住阿嬤：「我很想讓你驕傲，好想替媽媽做她做不到的事情。」兩個人相擁而泣，互相傾訴彼此的心情。看著男孩寫給我關於祖孫二人相擁而泣的畫面，我只能說，太動人了。

「我無法一次走出低潮，看來我需要一些時間。」男孩誠實的表達了當下的心境。

「本來就需要時間，鬱悶時就寫吧！你不但擁有用書寫紓壓的能力，你跟阿嬤的互動中也展現了內在深刻的柔軟，這些都值得好好珍惜。**容許自己一時低潮，容許自己一時失落，給自己一個廣闊的「心空間」休憩，再出發。**」

男孩感謝了我，同時給了自己和我一個承諾：

「我會溫柔地對待自己，心情鬱悶我會寫下來，**我會與黑暗的我作伴，我會溫柔地看著他，因為那些都是我，我會給自己一些時間漸漸緩和。**」

過了許久，他欣喜的傳來私訊：

「老師！我考上警官了！你跟我分享的，都會成為我人生中很重要的資本。很謝謝您！」

沒多久，男孩來研究所辦退學，沒機會當面見到他。他的理由是放下課業先去工作。生涯之旅到此暫告一段落，男孩決定去當警官了。

我不知道以後他還會碰見什麼困難挫折，但是他學會用心的眼光來與自己相處，就憑這個，不管以後遇見什麼，他都可以克服。

寫封情書給自己

因著對考試的得失心，準備考試同時是內心幽暗不斷起伏的歷程，如何給予自己正向的支持顯得格外重要。好好練習寫情書給自己吧！透過文字給自己鼓勵與力量。寫情書跟狂野寫作不一樣喔！狂野寫作字跡再亂都沒關係，但是寫情書是給心愛的對方，需要慎重的筆觸和慎重的心情，因為你值得被慎重對待。

請你很慎重地寫一封情書給自己，成為自己的愛人，成為那個不論發生什麼都對自己不離不棄的愛人，成為那個陪著自己走過所有低潮的愛人，有著這樣的親密愛人，我們會一次又一次的得到繼續往前的希望與力量。

亮兒的舞蹈夢

——從遙遠的夢幻到踏實的夢想

亮兒大二時上過我的課，一班六十幾個人的通識課裡，我很快就注意到她。總是帶著清亮的眼神坐得直挺挺的，很認真地看著我上課，得到回應的我總是可以說得更好。通識課結束後，我們就變成在臉書上偶遇的朋友，二〇一三年三〇四反核大遊行的行列裡，很偶然地，遇見了她。

帶著擔憂探索著自己的夢想

一起走在熱騰騰的艷陽下，我們除了慷慨激昂的高呼口號，也在漫步中聽她聊起了自己。她說自己要大四了，在考慮要不要繼續念美術，還是轉舞蹈？嗯，很一般的生涯發展的問題，在年輕人身上特別常見。不過因為我曾經在生涯議題上打轉許久，特別能理解這樣的問題。

她聊起舞蹈是小女孩時的夢想，但是媽媽覺得小六的她年紀太大、身材又胖不會有老師願意收她，小小的亮兒內心深受打擊，再也沒有勇氣提起習舞的要求。然而，有些夢從來都沒有真正消失，只是在心底深處等待著萌芽的時機。多年後上了大學，成年的她想為自己重新澆灌當年小女孩失落的夢想。她開始到社團練舞、付學費找老師學舞、嘉義各種免費、付費的舞蹈課程她都去參與，不斷地、不斷地為自己找機會練舞。不過這個單純的渴望一連結到生涯發展就變得複雜，她反覆思索著未來到底要不要轉行當舞者，想到自己年紀太大、學費不足、能力不夠，各種的顧慮，充塞在腦袋瓜裡。當年我也曾經為了要不要出國留學，不斷反覆嘗試了好幾年，不斷地嘗試，又不斷地質疑自己的年紀、能力、金錢等各種問題，在我們還未摸到夢想之時，總是有著太多的雜音。

我跟亮兒分享了自己迂迴的生涯經驗，同時試著給她一點安慰：「再多一點時間觀察與沉澱吧。」我倆太沉浸在兩人的世界裡，後來才發現我們落在反核隊伍後面很遠很遠。分別前，我說了「接納」這個議題：「妳能否接納自己的迷惘與徬徨呢？」她的眼眶濕潤，我知道她一直很努力，但是也疲累了很久，我能給她的，是一個擁抱與一份相信。

之後她有時會來找我，聊聊她的舞蹈，聊聊她畢業後轉舞蹈的夢想，每次一聊，年紀、經費、能力等等問題，同樣的煩惱又再度出現。但是奇妙的是，儘管擔心著，亮兒還是沒放下舞蹈的練習，在有限的時間內，她仍然不放棄任何可能學舞的機會。好勇敢的女孩呀，也許我讚嘆的也是當年即便煩惱，但仍認真探索著未來的阿媚，我很疼惜她，也了解在這些探索的背後有著多少的擔憂。

畢業後，學美術的亮兒決定不朝舞蹈發展了，她終於清楚跳舞是為了彌補童年的缺憾，盡情跳夠了之後，她把跳舞當作自己的興趣。好不容易呀！看到她在一路的摸索後為自己確認了答案，很為她開心。

如今，她畢業三年了。

不斷揭開面紗，看見真實的夢想樣貌

有回在私訊裡聊天。回顧起大學這段摸索的歷程，她說，自己有著一種滿足，因為自己沒有在擔憂中停頓，而是不斷的嘗試實踐，不斷揭開一層層神秘的面紗，看見真實的、沒有包裝的夢想長成什麼形狀，就覺得做什麼決定都可以坦然些。她還用了個隱喻形容大學的自己，如同一頭對自由饑渴太久的野獸，好不容易不再有各種無聊的學科，衝出柵欄狂奔。令我讚嘆的是到處狂奔的她，展現了這麼強烈的生命熱力。

畢業後的她到一個劇團，在裡頭有著幕前與幕後各式各樣的工作，她有更多的可能去探索自己的角色定位。亮兒慢慢發現她的體能和抗壓性都無法負荷舞台工作的暴發性需要，而且她並不享受在台上被注目的感受，沒有動機與其他渴望被注目的演員競爭。大學四年在美術創作的培養和經驗，也使亮兒的性格逐漸不太適應團體工作的時間與作息，比較習慣安靜地在自己的空間內創作。所以她逐漸轉回自己的美術領域，加入了教育，開始當起美術老師，未來還希望自己能學習心理專業，不但幫助自己成長，還可以把心理輔導應用在學生輔導的工作上。亮兒在陳述自己時總有一份動人的清晰，她就是這麼清楚自己整個人生旅途的來龍去脈，漸漸踏實地將夢想聚焦成可以實踐的面貌。

從夢幻到踏實

在心裡最初湧動的夢想最是真實，但卻也是模模糊糊，總要歷經實際的嘗試與歷練，才能慢慢在現實與虛幻間確認適合自己的夢想到底長什麼模樣？從亮兒的故事裡我體驗到，她的眼光從遙不可及的夢幻、慢慢轉向眼前踏實的、可以掌握的美好。最讓我感動的是，雖然還不確定未來的模樣，但是亮兒在不安裡，仍然繼續勇敢地一邊嘗試、一邊確認，一路走來，才能從點點滴滴的經驗裡，慢慢累積出自己想要的、能做的夢想。

即便到了五十歲，我還堅信著夢想這件事。**夢想需要被聆聽，也需要被確認。在確認的過程裡，最重要的是給自己時間與空間，願意容許自己慢慢找尋、慢慢確認，願意欣賞一邊不安，仍一邊勇敢嘗試的自己。**

那幾個很「混」的學生
——相信，是最大的祝福

在大學校園裡，確實看過，也感慨過太多課堂很混的學生。不過這幾年我在學著相信自己，也相信學生，相信會開拓出對「打混」學生的不同理解。我先說幾個故事。

她不混，只是需要被信任

多年前小美從外校轉來我們嘉大。

轉學前她在A大學，幾乎每科都被當，連同學都笑小美「妳很混耶！」小美其實不知道如何寫申論題，她鼓起勇氣請教老師，老師沒有回覆她，反而請她想想自己適不適合念大學，並且說了許多不適合念大學的學生故事。小美覺得很沮喪，仔細考慮後決定轉學，給自己再一次機會。離開前她找系主任簽名，系主任看到小美的單子上有個字的筆畫沒寫好，簽名前調侃了小美，「妳是因為連筆畫都寫不好，所以才打退堂鼓吧！」。這些事情讓小美更堅定的想離開A大學，然而她幾乎喪失了努力的鬥志。轉學來嘉大後，有次小美說起她轉學的原由，我跟小美說，「**別人無法真正定義你，我相信只要你願意，你**

可以唸完大學的。」小美很訝異，原來有人願意相信她。這給了小美努力的動力，後來的她順利畢業，也當上了老師。她在自己的教師生涯裡，把自己曾經獲得的那份信任傳承給她的學生。

她說：「我是因為了有人還願意相信我，為了這口氣才願意念書的」。

小美不混，她只是需要被信任，信任可以讓她願意努力，願意找尋適合的讀書方法，願意再給自己一次機會。

他不混，只是需要找到課業與興趣之間的平衡

還有個學生的故事，阿力。

通識課上我會傳簽到的單子，學期一開始我就提到自己不喜歡代簽這種不誠實的行為，如果被我逮到，代簽者和被代簽者在課堂參與的部分都是零分。我可不是省油的燈，幾節課後就注意到阿力的單子是同學代簽的。的確，有幾次沒看到他了！

唉！又是個「很混」的學生……

我私訊給阿力：

「我已經有三次不來上課的容許值了，我不認同你找同學代簽的行為。」

阿力回了我：

「對不起，我常去樂團練鼓，所以有幾次只去課堂一下就溜了。」

我喜歡這種不辯解、坦誠認錯的誠實：

「我欣賞你誠實認錯的態度。」

我回想起阿力，學期初就在課堂上說出自己追尋夢想的決心，我很快注意到他表達意見的自信與堅定。我決定給他警惕，同時也給出信任：

「你無法取得課堂參與的十五分，但是，其他的作業和期末考你多準備，還是有及格的空間。你不是泛泛之輩可以在人群裡隱藏的，好好發揮你的個性，祝福你繼續追求自己的夢想，也學習為自己的行為負責。」

期末，他低空飛過了這門課的門檻。

兩年後，在我生日前夕意外收到了阿力的祝福私訊：

「老師，你可能忘了我是誰，想跟你說聲生日快樂。謝謝你大二對我說的那些話。覺得很後悔當初沒有好好上每一堂課。我重新看了一遍老師對我講的話，覺得有種被看見的感覺，也讓現在的我更有自信去規畫與準備考研究所。我現在很努力，看許多書，想讓自己變得更好，成為不一樣的諮商師。」

私訊裡有著對過往的後悔與未來的期許，原來阿力需要多一些時間，學著在興趣與課業之間找到平衡。而現在的他，已經考上了諮商所，正在預備著成為更好的自己。

我體會到學生最在意的不是老師的處罰，而是被貼上「打混」的標籤後，再也不被師長相信、甚至連自己也不相信自己了。能幫助學生進步的，不是老師對「打混」行為的懲處，而是那些在處罰之外願意多給予的信任，是那個相信學生之後會更好的意念，才會在學生身上逐漸發酵，產生前進的動能。

他不混，只是需要許多時間學著做自己

阿宏。

同學喜歡在課堂上公開調侃他，「老師，他很混，當掉他！」，我得承認，我看到的他常常也是如此。

在通識課上出席率不高，作業常常遲交，但是聰明的他會在學期快結束前帶著可愛的笑容前來探問，「老師，真抱歉之前作業沒有準時繳交，可以補交嗎？」，看到他短短時間擠出的報告其實還有相當的品質，所以就算很想，還是很難當掉他，四年下來他也總算如期畢業了。

基於對我的信任，他曾經幾回找我聊聊，說起自己心裡的掙扎。爸爸一直期待他成為電腦工程師，但是他真正有興趣的是歷史。與其碰電腦，他更多花時間在閱讀歷史書籍上、也喜歡

跟著老師訪談耆老做口述歷史。爸爸老說：「你是老大，要做弟妹的榜樣」，但是冷僻的歷史興趣能當工作嗎？他不想滿足父母的期待，卻又無法忠於自己的選擇，就這麼半吊子地生活著。

我提供不了什麼建議，我清楚最深的掙扎別人幫不了什麼，只能由自己來安撫。

後來，他繼續依著爸媽的期待念了資訊相關研究所，繼續打混著。聽他說起每科成績低空掠過，正如他唸大學一般。我清楚他的懶散不是根深蒂固的惰性，而是心理捨不掉的掙扎。念研究所，其實也只為了給爸媽一個好看的碩士學歷。

所有的猶豫不決都在等待著最終落地的那一刻。

前兩年他決定先辦休學去當兵，不再渾渾噩噩的過日子。真好，終於學著為自己負責了。當完兵後，他透過臉書私訊告訴我，他重新考上北部的歷史研究所。天啊，這轉折太大了！這是他在人生十字路口徘迴多年為自己報考的。

在台北唸了研究所後他曾經來找我，我最訝異的是，眼前的阿宏不再是掙扎猶豫的模樣，這回看見的他滿是堅定的神情。

我開口問了他：

「念歷史研究所這件事對你有什麼意義嗎？」

「不用再跟自己抗衡，是一件很舒服的事。不過我的家人非常擔心，他們擔心文史領域找不到什麼好工作，但我犯賤，我想親自證明冷門的興趣也可能發展成工作。」

還記得幾年前他還不願相信自己的興趣與能力，現在的他不但願意相信自己，甚至帶著鬥志想親自證明自己選擇的人生道路。

我最想問的是，「你喜歡現在的自己嗎？」

「嗯，蠻喜歡的。我不知道以後會出現什麼困難，但是我現在很投入口述歷史的研究，也積極參與社區營造的工作，我很清楚這是我想走的路。」

「那就繼續成為自己喜歡的自己吧！家人出於愛一定會擔心你，但是只要看到你可以安穩地走在自己的路上，慢慢會接受的。」

我很高興波波折折中阿宏終於找到自己想要鑽研的方向，更找到了面對艱困挑戰的決心。我終於了解，**阿宏不混，他只是需要很多時間才能堅持做自己**。

他不混，只是忠於自己的價值觀

今年，我還遇見一個學生，阿達。

學期結束的最後一堂課，他特地找我討論問題：

「我們不是都在說職業無貴賤嗎？為什麼要把勞工當作底層階級？」

簡單的提問卻有深義，我們邊走邊聊，有位許久不見的老師親切的過來拍我肩膀：

「這是我們系的學生，他很混，你要多盯他。」

很「混」？當下我的腦中閃過阿達許多的課堂片段。課堂上的辯論課，他上台當辯士，聆聽其他組的辯論時，在台下當評審的他還幾次主動提問，有的問題我還覺得有深度呢。

老師離開後，我看著阿達：

「好好繼續你的思考，我相信有一天系上老師會對你改觀。」

我好奇的多問了他，如何看待老師說他「混」這件事？

他說起自己從中小學以來不斷被升學主義所壓迫，生活貧乏地只塞滿成績與排名，好不容易上了大學，進入一個更大的世界，他終於可以從成績的競爭中解脫了。大學對他來說，體驗各種新的人事物最重要：「如果要我坐在課堂裡為多幾分而努力，還不如體驗外面的世界，然後進行我的思考。」對阿達來說，他只投入自己有興趣的學習。他發展影片製作的能力，看重排球隊的練習與參賽、努力經營他的友誼，為自己的大學四年留下豐富的回憶，他說，「老師只是不了解我，其實，我不混。」

我愈來愈覺得，我無從了解一個學生的各個面向，只能從某一堂課做片面觀察。在這堂課混，不代表其他堂課混，即便每堂課都混，或許在某個領域是投入的，然後，試著謙卑地相信，學生之後會長出自己的模樣。

驕傲地說服自己「我不混」

這些故事都告訴我，打混不是因著學生的惰性，背後其實有著多元的脈絡與意涵：小美等待著被信任找回自己的學習動力，阿力需要時間找到課業與興趣之間的平衡，阿宏需要很多時間學會做自己，而阿達不想追求成績的優秀，只想忠於自己體驗人生的價值觀。

我不清楚你是否也曾被貼上「混」的標籤？在別人不相信你的時候，你是否也失去了對自己的相信？

每一個打混的故事都等待被理解，每一個打混的故事同時也是一種自我選擇。請你從自己的生命脈絡中梳理自己，找到自己所投注的人生選擇與答案，驕傲地說服自己，「我不混，只是你們還不懂。」

好好相信自己，慢慢把自己找回來，為自己的所愛傾注所有努力。

BK退學了
——為自己出走

ＢＫ是幾年前在通識課上認識的學生，他總是最在教室的第一排，把其他同學遠遠落在後方，挺直著腰桿認真地看著我上課。

我喜歡在課堂上請同學用身體姿態表示自己的立場。活動規則是，如果你認同這句社會上流的價值觀就坐在原位，如果你反對的話就站起來。記得有次我問到「他們說，對長輩要有禮貌」，全班只有他站起身反對，我好奇的邀請他表達自己的想法，他以一種很慎重的口吻說，「除非是長輩說的話、做的事值得我們尊敬，才需要有禮貌」。我點點頭，我知道他在嘉大是不一樣的年輕人。而一學期下來，我也逐漸習慣他選擇不一樣的座位、表達不一樣的觀點，習慣他的不一樣。

期末最後一堂課，他提到，「我期末就要退學了，謝謝老師這學期的教導！」退學？我詫異而不解，這不是那些上課打混學生的「專利」，怎麼會出現在ＢＫ的身上？明明他是這麼認真地學習？因著好奇，我邀請ＢＫ來跟我聊聊，就這麼著，在放暑假之前他來找了我。

為自己創造「退學」的新意涵

他給了我一種關於「退學」的另類故事。

ＢＫ高中三年荒廢學業，考指考的前一兩個月才下定決心念書，不知怎地就上了嘉大，很驚訝也覺得好險，雖然不是自己最想念的科系，就來到了嘉義念書。上了大學後，他認識了一位求學態度認真的好友，在好友的激勵下，他開始展現不同的學習態度，會彼此分享讀書心得，努力找資料寫報告，認真分享彼此對社會的觀察、對未來的思考。這些在學習上的投入一再激勵了他想要跟高中渾渾噩噩的自己不一樣。可惜他不喜歡系上某些老師上課的方式，也不喜歡許多同學用著混一天過一天的心態在面對學校生活，他不想留在這樣的環境裡，跑到外系去聽課，開始醞釀著自己是否要轉系，就在轉系與轉校之間游移著。大學生活總是無可預期的，後來又遇到了一些與同學的不愉快，這件事成了最終的導火線，他決定離開學校，而且用退學的方式。

我最不能理解的是：「一定要用退學的方式走嗎？你先考上其他學校的轉學考，就可以順理成章的離開這裡了，不是更好嗎？」我忍不住提了一個比較聰明的生涯建議。

在我面前的ＢＫ露出了有些尷尬的笑容，鄭重的告訴我：

「我想讓自己沒有退路，才能下定決心！！」

看著他，我回想起當年的自己，在國中實習的那一年，我完全無法適應學校生態陷入內心的掙扎苦痛中，一心只想著離開國中教職去考教育研究所，即便校長給了我兩全的明智建議：「你不必賠公費再去考研究所呀。你就先準備考試，等到考上，中請兩年留職停薪，你就可以轉換環境了。」當時的我無法接受這麼周全的提議，只想著如何用最徹底、最快的速度先籌錢賠公費離開國中現場。之所以這麼做，只是因為我再也沒有能耐多留下一些時日，最重要的是我很了解自己，知道要把自己逼到沒有後路，我才會用力反撲向前。BK不過是跟當年的我一樣了解自己做了一樣的決定。我有些不捨，不過還是祝福他。

BK心理反覆放不下的是曾經想轉過去的外系，那些師生曾經給過他許多幫助。我很肯定BK的良善，請他想想什麼對他是重要的，為自己做個取捨。後來他說，自己仍然想要退學，再去感謝那些幫助過他的老師同學。

就這樣，BK退學了，回到了新竹老家。

每一次重新確認不後悔，重新給自己確據與力量

中間他透過私訊告訴我，自己沒有如願考上轉學考。除了祝福他之外，我只想確認一件

事，「當你知道自己沒有上榜時，心裡閃過後悔嗎？」ＢＫ十分篤定地說「完全沒有！」能夠不後悔就是生命的豪情，接下來ＢＫ就要面對一整年的鏖戰了。

偶而，我會收到他的私訊，關於爸爸對媽媽的家暴與傷害、關於媽媽的情緒崩潰、關於弟弟的絕望與恐懼。我可以想像這一切對面臨重考的ＢＫ有多麼艱難，最難的不是唸書準備考試，而是面對親人的苦痛不知如何自處。他簡單問了我有沒有一些法律諮詢可以提供？我提到法扶基金會或許可以提供他們需要的法律諮詢，ＢＫ沒再多說什麼，我留下了簡短的訊息：

「最重要的是希望你把自己照顧好，不論是生活上身體上。當你覺得壓力太大時，也別急著幫忙媽媽或弟弟，無論如何你能承擔的就只是自己的生命，對於媽媽弟弟你只能支持與祝福。」

寫完這些訊息，我自己都有點心虛，常常我對一個學生所能提供的幫助真的真的很有限，遠在新竹的他，面對他短短訊息裡糾結的強大痛苦我也無能為力。

偶而，我想到他不知過得如何？偶爾，他在私訊說起自己，他面對家庭還是一樣的無能為力。不過他主動分享了「自己現在仍然覺得當初的選擇是正確的，這一年流浪在多所大學間，認識各式各樣的人，學習到的東西與內在的充實感讓我很痛快！」

ＢＫ的學習動力強大到超乎我的想像，即便還無法處理家庭的傷痛，就是為自己走出去學習。最後一封訊息是在隔年的轉學考之前吧，他不斷回想起在嘉大的種種，雖然只在嘉大停留兩年，但是他很珍惜自己讀了大學後，開始探問生命的意義與價值，一直到現在他都還在為自己找答案。最後，他再度提到「不論今年考試結果如何，我都不會後悔並且會繼續往前邁進」。

這一年，面對各種超乎意外的處境，ＢＫ不斷的再度確認自己面對退學的不後悔，**每一次重新確認不後悔，都是重新給自己一份新的確據、新的力量**。

為自己創造「流浪」的新意涵

隔年九月初，我收到了ＢＫ的訊息：「老師，我考上台南的人學了！」這一年繞了一圈從嘉義、新竹又到了台南這個新城市，多少的故事呀，我很好奇。偏偏這陣子因為學校的行政工作、教學和準備搬新家的各項事情攪著，加上身體狀況不好，我有點猶豫要不要擠點時間給他？可是，看到他的訊息裡寫著，「老師，我超級想回嘉義跟你聊聊天的。」難得有人對我用這樣的字眼「超級想」，好吧，我挺好奇，現在的他到底是什麼狀況？那就訂在星期六上午的時間。我很想知道這一年他如何度過的？

一見到面，他話匣子大開：

「我想開了，家裡的事情不是我可以處理的，那是媽媽爸爸自己要處理的事。我所能做的就是盡早獨立、盡早離開家。這次考到台南的學校，很好，離家裡很遠。」

「那這一年你怎麼度過的？」這是我最最想知道的。

「我知道自己不是那種從早到晚可以一直念書的人，而且我高中荒廢三年，學科能力基礎很差，不適合重新考指考，所以我就鎖定轉學考，考專業科目對我比較合適。」ＢＫ娓娓道來對自己的觀察與規劃，他對自己有清楚的了解。

突然他講到：「我這一年流浪在不同大學裡旁聽，學了很多真是…太爽了！」

講到太爽了，他不自覺就大笑了起來！

「我不想待在家裡，所以每天一大早就是騎著摩托車去不同大學裡聽課，有時還衝去台北，我一個星期聽二十幾節課、還參加社團，晚上有時候也參加不同的學生活動，簡直過著大學生的生活！」

「你都聽什麼課呢？」我探問著。

「我聽的課很廣，從資工系的組合語言、俄文到不同的心理學課程，各類都有……組合語言聽了我就知道太難，不是我的程度所能接受的，心理學的愈聽愈有興趣，特別是犯罪心理學我最有興趣。俄文最好玩了，從不會到有一點會，從無到有的學習覺得特別紮實。我還曾經去聽過碩班的課程，不好意思進課堂，我就在教室外頭的椅子坐著，聽著麥克風傳出來的聲量聽課……」講到這些不同課程的學習，ＢＫ特別興致盎然。

我沒想到無解的原生家庭問題，反倒成了ＢＫ積極出走學習的動力，對家庭保持距離反而

創造了自己拓展世界的空間，ＢＫ為「出走」創造了豐富的意涵。最不可思議的是，我聽過的重考生活都是不見天日、日復一日Ｋ書挑戰自己意志力的版本，沒想到他為自己完全創造了另一種流浪大學生的故事。

我又好奇的問了他，為何選擇了「流浪」這個字眼？

「流浪表示到各地接受不同人的幫助，累積很強大的功力，哈哈哈！」

他張著嘴笑著回答，兩排潔白的牙齒跟他的眼睛一樣閃閃發亮。

就這樣，ＢＫ繼續為自己學習。他的下一站是出國當交換學生，繼續為自己的學習流浪，繼續在自己的生涯中累積意義。

翻轉主流價值，為自己創造新的可能

認識了ＢＫ，他獨特的故事不斷挑戰、擴充了我對許多大學生既有的想像。

退學不只是被動承受校方宣告的命運、重考也不只是日復一日重複著念書考試的枯燥歷程，家庭衝突也不只是一場必須捲入其中的悲劇。ＢＫ為自己做了另一種選擇，他遠離自己無能解決的家庭紛爭，先投身在自己熱愛的學習裡。在重考這一年裡，他每天從家裡往外跑，除了唸書準備考試，同時不斷走入各間大學，從各種課程活動裡學習，翻轉了「退學」、「重考」的主流負面觀點，重新賦予這些標籤新的豐富意涵。一年之後，他考上自己想要的大學環境，繼續主動創造自己想要的學習機會。

何妨給自己在大學生涯的學習裡，一次重新思考與選擇的機會，為自己創造屬於自己的學習意義與價值。

小魚老師向前衝
——為「流浪教師」重新定義

認識小魚是因著碩論的指導關係。

那時她來找我指導碩論，一直想當老師的她，詢問我能否推薦一個很棒的老師讓她一邊進行個案研究、也可以一邊學習好老師的榜樣？我正著迷於薩提爾模式，所以我推薦她去找把薩提爾模式應用在師生溝通的李崇建（阿建）老師，以他的作文教學來寫論文。

她，沒什麼思索就答應了。

小魚是個精明的女孩，她雖然知道自己想當老師。可是算算小學老師的考上機率很低，她想多培養一個中學教師的資格，同時擁有中小學教師資格方便兩邊報考，增加錄取率。那一年的她碩二，她跟我分享了自己嚴密的生涯計畫：一邊在新竹接國中代理老師的工作，累積教學經驗；每周五請假回嘉大修中等教育學程的課，周末就到台中觀察阿建老師的教學寫論文。規劃的很緊密充實，在一旁的我只覺得這個規劃太不可思議，一年中要完成修教程、寫論文與接代理老師工作三件大事？

「不要把自己搞得太忙，身體是長久的，論文只是一時的，你可以慢一點。」

我以長輩的姿態想阻止她不要過度操勞，但是小魚還是不打算修改自己的規劃。

「那你自己要斟酌著調整自己的生活，還是要好好照顧自己。」這是我唯一的提醒了。

不甘心轉化成往前衝的鬥志

忙碌中也無暇想起小魚的近況，不過每隔一段時間她會主動跟我討論論文。

「你這半年怎麼撐過來的？」我很好奇。

「我就是照我原先規劃的，一邊當代理、一邊修教育學分、一邊寫論文呀。」

「你的精神體力還好嗎？」我關心她的身體是否撐得住？

「我每天晚上都會運動一個小時，維持自己的體能。我會一邊看韓劇、一邊在跑步機上運動，有時也會跳鄭多燕的有氧舞蹈。」

小魚真是不簡單，靠著絕大的意志力與自律在組織她的生活。休閒放鬆還結合運動，對自己毫不懈怠。這樣的小魚會不會過得太ㄍㄧㄥ了？

我看小魚的論文進度順利，於是建議她改寫成一篇研討會文章，我倆一起去台北的研討會發表。就這樣再度相會了，這回一見面，小魚滔滔不絕地帶著氣憤說起自己在學校的代理工作：

「一個代理老師要做這麼多事情？學校裡這麼多資深老師在打混？有什麼事都推給我們代理去做，代理老師還得兼行政工作又不能拒絕，真的很沒有道理……」

這些委屈很真實，我也不斷聽到代理老師工作負擔沉重的傳聞。這些年因為少子化的趨勢，學校教師缺額愈來愈少，造成教甄名額競爭激烈，每年許多老師四處征戰考試，只為進入學校體制。面對這些大環境變遷所造成的不公平，著實覺得沉重無力。

「我付出那麼多心力在教學。有一個國三班超級難搞，聽說還會對老師飆髒話。我分配到這個班，只有帶了兩個月，就讓他們喜歡英文，願意學英文。他們還會跟我說，老師你是代理的嗎？你不要走。可是，我終究只是個代理老師，我真的很不甘心，付出這麼多，自己卻只是個代理……」

我懂這些無奈的委屈。但是，小魚一邊不甘心、一邊繼續努力著。我清楚這些不甘心已經在她身上轉化成往前衝的鬥志。

為「流浪」創造新的意涵

我太瞭解這些不公平，也可以理解小魚心理的憤憤不平。但是，**體制目前不是我們可以改變的，不論在什麼處境裡，我們都做出了選擇，探討自我選擇的過程可以把眼光轉到自己身上**

擁有的力量。

「我記得你之前不是在小學代理？怎麼現在選擇到國中代理？」我特地用了「選擇」的字眼。其實就算要同時擁有國中小的教師資格，只要在修完教育學分後，選擇國小或國中進行半年實習就好了，小愛沒有必要一定要去國中當代理老師。

「對呀，既然我又多修中教學程，我想就要在小學和中學都有豐富的實務經驗，才能學到更多……」

小魚有著累積實務經驗的強烈動機。不過相對來說，每一年換不同的實習學校、不同的實習生態，著實適應上很不容易。

「所以，你選擇在小學、中學都累積代理經驗？不過，連續兩年換了兩所學校代理，那你要調整、適應的部份很多……」我關切著。

「是呀！我不但一年國小一年國中，我還每一年都換不同縣市找代理。我喜歡在一個陌生的縣市裡從無到有、從陌生到熟悉逐漸了解的歷程。」

小魚說到這裡，臉上多了一些神采！我聽著她繼續敘說著：

「我喜歡寒暑假的時候自己規劃自助旅行，我特別喜歡找尋資訊，慢慢把一個城市、國家透過整個行程串連起來到處去玩，這樣去旅行特別有成就感，因為是自己規劃的。」

這是我第一次聽到可以把代理工作和旅行做連結、做對比。這一刻，我感染了小魚身上的衝勁：

「透過代理老師的過程，了解不同城市、不同學校生態對你來說就像是一場旅行，可以享受挑戰、學習的成就感？」

小魚開心的點點頭。

小魚愈說愈多，還提到了自己在規劃星期假日去玩密室遊戲，認真推薦給我可以去玩的地點。怎麼這女孩遇到假日還要認真動腦？對我來說，我寧可攤平在家裡一動也不動的宅著放空休息，她連休閒娛樂都得和動腦扯上關係？這就是小魚，她喜歡在不同場域裡轉換著動腦與活動的可能性，轉換場域對她來說就是休息了。

我們邊走邊聊，到了車站，一個往北、一個往南，即將分開的當下，我有感而發，

「小魚，你為流浪教師創造了新的意涵，流浪不是被動的悲情標籤，流浪也可以是自主的選擇，在流浪裡創造新的可能與新的學習！」

我倆開心地擁抱道別。然後，各自回到自己生活的城市，再度見面已經是論文口試了。沒想到，小魚果然完成了當初對自己的承諾，三年碩班修完中教學程、拿到碩士學位，加上兩年不同的代理工作，這是超人才能完成的工作量，小魚居然做到了！這段期間支撐她的是過人的鬥志與毅力。

但是我最讚歎的不是她所完成的目標，而是在論文後半部分她的轉變。這本論文她寫的是

薩提爾模式的作文教學，在長期觀察阿建老師的教學與師生互動後，我意外發現剛硬的、鐵娘子一般的小魚在論文後半部筆觸愈發柔軟了。這本畢業論文不但標誌了她碩士學業的完成，同時也幫助她重新省思內在生命。當初為小魚和阿建老師所牽起的這條無意之線，沒想到竟然可以在日後轉化成一條成長的巨索。為此，我深深讚嘆。

面對人生堅定而充滿鬥志

碩班畢業後，她又轉往下一個縣市當代理老師。

偶爾才會翻閱臉書動態的我，意外發現她迷上了馬拉松，她說自己要找一個只要努力就可以達成目標的事情來訓練自己。她在學校附近找了一個馬拉松團隊，開始跟著教練從基本訓練做起、循序漸進地從半馬進展到全馬的參與。我了解訓練馬拉松這件事和她的體能、特別是意志力的鍛鍊有絕大的關係。既然堅定的想在教甄這條路上奪標，小魚不會懈怠，她會如以前一般繼續鍛鍊自己的意志力。隔一年的嘗試，可惜她再度考場失利，面對挫敗，她靜下心來給自己一點休息療傷的空間，然後，給自己再度出發的機會。

我很清楚，小魚一定會奪標，只是不清楚命運會讓奪標的那一刻在何時發生？

去年，我聽到了她的好消息，考上了國小正式老師。

而小魚果真是那個不肯懈怠的小魚，她很快的再度為自己設立了新目標。新的目標是考博士班，繼續進修。

喔，還有一個新的目標，這次不是為了自己，她在任教的學校內主動設立了一個教甄讀書會，她很想把自己的經驗傳承給其他要考教甄的代理老師們。我笑說她瘋了，好不容易從考試的惡夢中醒來，卻又一頭栽進去。

小魚終究是小魚，無法讓自己閒散，不斷設立新目標，追求更高的里程，追求更好的自己。

勇敢地為自己出征

小魚是個意志堅定充滿鬥志的老師，這不只展現在對自己不斷的要求與訓練上，更展現在對生命的自主性上。她不斷批判學校體制的不公平，將這份不甘心轉化成積極改變的鬥志，她也把熱愛旅行的精神放在代理工作上，不斷挑戰自己去不同場域學習新經驗、開創新可能，將流浪的被動悲情轉化成主動的積極意涵。

身為教育系的老師，這些年我不斷看到一個又一個想當老師的年輕人，為了完成當老師的夢想，每一年穿梭在不同縣市裡報考教甄，每一年都在希望與失望之間擺盪。在年復一年的考試裡，有些代理老師早已失去鬥志，支撐著他們繼續考下去的與其說是堅持，不如說是「我不知道除了教書，我還可以做什麼」的茫然感。太可惜了，如果你想繼續考教甄，找到足以說服自己的熱誠與鬥志，勇敢地為自己出征，我很篤定，這樣的你，一定會奪下屬於你的錦旗！

只喝半瓶水的女孩
——別把工作看得比自己還重要

偶遇一位畢業的女學生。在短短的交會中，她聊了一下自己的近況，說起自己現在在英文補習班工作。

她半開玩笑地說起自己上英文課的狀況：

「小朋友有幾個很皮，上課一直大聲講話，Sam會說自己上課講話就是停不下來。上課的時候，我得一直喊著Sam，Sam，Sam……還有一個女生就會大聲說，Sam！老師叫你不要講話你還講？所以課堂上真的很混亂。我想要好好對學生說話，所以我就跟他們講，如果你有很多話要講，請你下課再找我說。現在我們先上課！！可是……」

我可以想像這樣帶點混亂的上課場景。要顧及上課進度、帶回學生的專注力，偏偏學生又屢勸不聽，恐怕心裡頭有著生氣、挫敗種種複雜的情緒吧。不過我們彼此都沒有預期一場深入的談話，我就從最基本的同理心著手，看看會發生什麼？

「上課一整天下來的確很累……」曾經當過國中老師的我了解這樣的身心俱疲，我試著同理她的心情，打開她敘說自己故事的空間。

「一整天上課真的很累，不過班上有小天使，他們下課會過來找我，跟我說老師有沒有要幫忙的？剛剛哪個男生真的很可惡耶……然後我的情緒就好很多了。」

說起這個的時候，平日看來冷靜理性的女孩露出了小女孩般靦腆的可愛笑容。

女孩平日看來有點嚴肅，然而笑起來卻是可愛極了。我歸納了她的話，給了她回饋：「你的心理調適能力很好耶，你不會把焦點只放在那幾個頑皮的男生，也會注意課堂上乖巧貼心的孩子給你的回饋。」

這女孩比起當年在國中實習的自己有著更廣闊的視野。當年的我只把眼光膠著在班上一個大魔王身上，始終忽略班上一群可愛的小天使，陷入深深的挫敗裡找不到出路，這樣的她可以更快的為自己的生命找到出口。

「對呀，要開朗樂觀的面對……」女孩有點害羞又是低著頭笑。

把焦點從困境轉移到內在的生命力

晚上還有要事，我其實在時間上有點焦慮，卻又不想匆促地了結兩人的談話。這幾年我很清楚女孩不但在教育專業的學習很認真，課餘之時也為許多小朋友進行課業輔導，帶領青少年的營隊活動，這樣的她已經為自己累積了許多教學經驗與智慧。**我不需多給什麼勸告，也無法**

替她挪開教學困境，我只需開放一個空間，讓她可以好好敘說自己做過的努力，那麼，就可以引導她從困境轉移到自己內在的生命力了。

所以，我很簡單的問了：「這堂課你通常都是怎麼教的？」

問到教學這部分，女孩迅速俐落的敘述了自己的作法以及省思：

「我以前都帶國高中生上英文，比較少帶國小生上英文，所以遊戲的部份很少。這部分我就調整了一下作法。學生大聲講話、還是有學生課堂上吵架，我真的無法處理，就請主任帶他們下去。以前帶過許多學生營隊，發現自己對於特別頑皮的學生，很容易發現他們的優點，會去鼓勵他們。可是對於安靜乖巧的學生我就很忽略。還記得以前當營隊的輔導員最後要為學生寫回饋卡，那些很皮的學生我一下子就看到他們的優點，很快的就寫好卡片，幾個很安靜的學生我反而想不到他們的優點，我還要特別去問別的輔導員……現在我曉得給這些乖學生一些回饋了……」

女孩說起自己教學的觀點以及作法時，不再是平日內向的模樣，而是自信與充滿反省力的！不過，當她提到頑皮的學生和乖巧的學生兩種分別時，那一瞬間，我看到眼前這個大女孩的心裡，其實也住著一個一直被她忽略的乖巧小女孩。

「這幾年妳在教學上累積了很豐富的經驗，而且也一直反省與調整，我很敬佩妳的認真。」

給自己一個好好照顧自己的承諾

我想特別了解現在會關注安靜小孩的她，也會同樣關注自己心裡乖乖的小女孩嗎？

「妳會注意到安靜的小孩去讚揚他們的優點，那妳會注意到自己的優點嗎？」

女孩搖搖頭，淚水從眼眶滑落，她顯然有些尷尬、試著不斷用手拭淚：

「我連自己的生理需求都不在意，我每天帶一瓶水去補習班，整天甚至喝不到三分之一，現在好一點至少會喝一半的水，中午也常常沒吃飯。其實很多時候我結束工作時，累的根本不想坐上摩托車，根本不想騎車回家……」

女孩外在的安靜柔順，其實是用壓抑自己的感受與需求換來的。還好，敏銳的她已經察覺了對自己的忽略：「你終於看到自己長久被忽略的身體需求，現在的妳可以學著好好照顧自己的身體。除了這個，我也邀請妳好好疼愛自己的內心。我要離開了，你可以在每天的工作結束後，晚上睡覺前回想一天的場景，看看自己哪個事情做得很好，心裡給自己一點鼓勵嗎？」

女孩點了頭，給了自己一個好好照顧自己的承諾。

呵護自己才是好好努力的根基

不知為何，我們大多數人都把工作看得比自己還重要。

然而努力絕不需付出怠慢自己的代價，呵護自己才是好好努力的根基。

呵護自己首先指的是照顧自己的身體，好好睡覺、好好吃喝、照顧自己最基本的需求。

呵護自己進一步是好好欣賞自己付出的努力。欣賞自己在工作中那些開心的片段、那些美好的表現。**把眼光放在曾經付出的、已經盡力的部分，無論如何，會比放在那些自己還不知如何改變的部分更加重要**，這會讓我們多一些動力面對那些未盡人意的地方，多一些動力去改變自己、多一些動力去創造之後的美好。

03

給在愛情河流中迂迴曲折的你

在很久很久以後

渴求愛、追求愛

考上大學，我最興奮的是可以遠遠離家享受自由了。喔，還有，上大學最重要的是有機會談一場戀愛，那種可以跨坐在腳踏車橫槓上、偎在男友胸膛上的浪漫戀愛。然而相貌平平的我質疑自己到底配不配、值不值得擁有一段唯美的愛？不過，至少我如願上了我想要的大學，來到了嚮往的台北。

在大學過了幾年，上演的不是我偷偷喜歡別人，別人又喜歡別人的劇情，就是別人喜歡我，我卻沒什麼感覺的遺憾戲碼，真正的愛情仍然只有發生在大腦的想像中。既然沒有真正發生什麼，務實的我還是繼續在人際、課業與活動中過著大學生活。

進入大三，我做了兩個決定。第一個是和好友搬出宿舍在外租屋，第二個是想經濟獨立，找尋家教機會自付房租與生活費，這兩個決定都是為了擴大自己的獨立空間。竟然很意外的在學校附近看到了教高二國文的機會。我這種國文系出身的頂多只能找找小學生騙騙，國高中的英數理化絕對輪不到我，這回居然有可以教高中國文的機會，當然要去試試。

一到了對方家裡，見到了高二學生阿浩。第一面我沒什麼特別印象，只覺得他有點嚴肅，不太開朗。聽媽媽說起，高二的兒子雖然其他科目還不錯，但是國文只有四十九分慘遭死當，所以興起為他找家教的念頭，我當然義不容辭的接下這個工作。

起初他看我的眼神有點猜疑，我只好先把參考書撇在一邊先和他建立關係。對我來說，師生之間的了解比知識傳遞更重要。聊著聊著，他的話開始愈來愈多，反正後來我們的話題幾乎都和課本、參考書無關，他經常說起他的電腦、他的人生觀以及和幾個高中死黨的生活。

就這麼半聊著、半上課，我慢慢發現他似乎對我的感覺不一樣了，我也是。

他帶著我認識他的幾個好友，我們常常一起窩在速食店看書、聊天打屁，聽著他們訴說校園裡荒誕離奇的八卦、一起跟他們穿越辛亥隧道試試看到底有沒有鬼，從小乖乖牌的我，就跟著阿浩和他的朋友一起，走進了一個高中男生瘋狂又自以為是的世界。

進入大四這一年，他升上了高三，相差四歲身分不同的我們在一起了。當時的民風保守「姐弟戀」、「師生戀」的字眼很少出現，羞怯的我不是不怕，但是為了自己渴求多年從未真正經歷的愛情，我決定，好好為自己冒險一次。

我們單獨見面的機會變得更多，不過因為大學聯考只剩幾個月，大多時候我都陪著他讀書。走在路上我們會互相摟住彼此的腰，想想這些世俗的差異又有何妨？我感覺心裡有一種宣告全世界的勇敢。

然而，紙總是包不住火。

他的媽媽不小心知道了，媽媽想到快聯考了，只下了一條但書「兩人在家裡見面房門一定要打開」，容許我們繼續交往；我的爸媽也意外知道了，他們的憤怒強烈衝撞了我倆的感情。阿浩說：「既然你爸媽不贊同，那我們就分手吧。」我難過的不是爸媽的反對，而是阿浩竟然沒有一句抗議、沒有試著努力，就決定要分手。原來，阿浩對我的愛脆弱的不堪一擊。

「好吧，那就這樣！」我放棄了辯駁，話說得很平靜，但是心裡卻破了一個深深黑黑的大洞。

後來的後來

畢業後，回到故鄉高雄實習，當老師的夢想慘遭蹂躪，每天上班都成了折磨，晚上阿浩經常打電話關心我的近況。一年一個月後，下定決心賠了公費重新北上念研究所後，雖然心裡早對這段感情絕望了，不過因著舊情、因著寂寞和阿浩時有時無的保持著聯絡。

後來，我交往了新的對象，決心和阿浩切斷聯絡。阿浩電話中問了我：「真的不能繼續像朋友一樣聯絡了嗎？」我堅定的表達：「我想尊重我男友的感受。」他也沒再堅持。

就這麼掛了電話，兩個人的世界不再有交集。

後來的後來，歷經三年的拚搏考上了公費留考，結了婚去德國七年，生了女兒完成學業回台灣工作，生活裡充塞著太多的忙碌，早就擠不下這段很遙遠的初戀記憶了。

偶爾，與我結拜的大學好姊妹相聚，她們會提及每年生日都會接到阿浩的電話，表達生日祝福，順便關心我過得如何？

偶爾，我也會從姐妹們那裡得知，他繼續唸了博士班，結了婚又很快離了婚，我會突然閃現一個好奇「他怎麼了？」

陳年的記憶早已被時間的巨輪輾過，只剩下模糊而破碎的片段。沒想到這麼多年阿浩始終沒有忘記我，而我大多時候早忘了阿浩，只是，有時候心頭再度浮現那種不被愛的感受，會突然憶起初戀那年，懷疑自己沒有好好被愛過的傷……。

重逢與和解

二〇〇九年年底，阿浩寄來再婚的喜帖。我很驚訝，但是不想理會，覺得前往只是突兀而已。沒想到大學好友如玲說，阿浩催了她好幾次問我來不來？他說自己很想得到我的祝福。如玲說一起去吧，阿浩很念舊，想看看我們這些老朋友。好吧，我就跟如玲一起去。

沒錯，第一次感情的記憶是與阿浩一起創造的，他對我的成長何嘗不具有重大意義？

沒想到，婚宴前一天如玲臨時有要事無法參加，我只好一個人前往。阿浩的弟弟、還有阿浩的媽媽仍以最大的笑容迎接我。只不過，我一個人坐在席中很是尷尬，當別人問起我是誰？我只好靦腆的說「我是阿浩的高中家教老師」。那句「喔，原來如此！」的背後似乎有些不解，不過我也不想多解釋。喜宴中沒什麼機會和阿浩夫妻多聊，不過我已經以出席展現了我的支持與祝福，對阿浩來說或許意味著什麼吧。

隔年暑假，我和如玲彼此帶著自己的女兒一起出遊，途經台北，如玲特地安排了我們三人在一〇一大樓的餐廳相聚。我有些莫名的害怕，會不會還有些傷口沒有真的結痂？

我們把三個小女孩排在另一桌，我、阿浩和如玲單獨坐在一桌。這回才有機會細看阿浩，發現他的氣質恍若五十歲歷經滄桑的老頭。如玲先問候他的近況，又直接切入他的離婚。

「離婚這件事……」他先是苦笑，「……跟淑媚就有很大的關係了。」

我暗示著要小聲一點，小朋友正在旁邊桌呢。

「十多年來跟前妻還在男女朋友的時候，兩人一直有很大的問題……」

「那為什麼不分手呢？反而還結了婚？」我無法理解十多年的不適合還硬要結婚的蠢事，忍不住開口插話了。

「因為我之前跟淑媚分手太匆促，讓淑媚有許多痛苦，所以我……」

我無需多問，也就懂了。

二十年前的我從未想過，這麼年輕的阿浩還不知道自己可以給我什麼承諾，還不知道如何表達對我的愛；二十年前的我並未想過，分手不僅造成我的傷害，同時更讓阿浩多年來站在陰影下面，對感情的決斷遲疑卻步。

三個小女孩在旁邊跑來跑去，我們的話題就跟著繞來繞去。回到旅館後，我們先送三個小孩上樓，然後我們三人待在車裡閒聊了一會。阿浩提到這次再婚，他抱著很慎重的心情，透過朋友介紹認識了女方，彼此通信了快一年，慎重了解兩人個性與價值觀的相合後才見面、相戀，進而結婚，這次的他有信心兩個人可以牽手一生。我終於理解阿浩為何堅持邀約我參加他的再婚，他想讓我看到一個了結過往、重新可以安穩面對感情的自己。

夜真的深了，如玲問起我們有沒有什麼要交代的？

我先開口：

「我很感謝自己認識你。年輕的我們曾經共同創造了一段回憶，雖然有快樂有痛苦，但是都過去了，也都值得珍惜。你不必愧疚，重要的是，我們都從這段過往長大了一些。」

說著說著，我喉頭有些哽咽，阿浩輕輕的回我一笑。

笑容裡，是和解、也是放下。

很久很久以後

面對生命，其實我們都很笨，往往要在很久以後回首的那一刻，我們才會了解當時的痛意味著什麼。

在愛情河流中順流而下，我才慢慢發現面對愛情，我雖然勇敢，但是太過於急切而不安。當年這段初戀，面對兩人年紀與身分的差異，我太慌張，急切地檢核對方愛的證據是不是充足？面對當年的匆促分手，我片面的界定他不愛我，同時指責自己不夠好、不夠漂亮，不值得他不顧一切的挽留我，然後自顧自的陷溺在不被愛的苦痛裡。

很久很久以後，我才了解在愛裡沒有安全感，無法從容地去愛對方。
很久很久以後，我才知道要相信自己夠好，才接的住、看的到對方的愛。
很久很久以後，我才明白不管愛的結果如何，我仍是獨一無二值得被愛的。

還好，很久很久以後，我終究還是學到了什麼。

繼續愛、繼續受傷、繼續勇敢愛

多年來，在愛情河流中迂迴曲折的前進。曾經暗戀、曾經婉拒別人、曾經被別人拒絕、曾經兩情相悅、曾經黯然分手、曾經進入婚姻，沒想到又放下了婚姻。然而，所有曾經付出的感情、曾經經歷的回憶，我，從不後悔。

帶著自己曾有的感情記憶，我進入屬於你們的愛情故事。我一再感受到許多令人感動的勇敢，不只是從情傷中走出來的勇敢、也是重新創造自己感情觀的勇敢、更是跳脫社會框架的勇敢。

是的，我得說，繼續愛、繼續受傷、繼續勇敢愛吧！

雨晴的選擇
——放下評價，進入「劈腿」的故事

雨晴在線上敲了我，簡單的三句話：

「我愛上了另一個人，決定跟男友分手了，能不能跟阿媚聊聊？」

接到這麼個直接的訊息，我反覆猶豫著，我不知道自己是否可以平心靜氣的跟她談心？

以女人對女人的姿態談心

她雖然不是系上的學生，但是居然有緣可以在幾門課中都遇到她，她笑說自己是我的鐵粉，想把外系的選修學分都填滿我的課。有時，她上課時旁邊會出現一個男孩，我會不自覺地注視著兩人默默放射的閃光。常常我拎著大小不同的包包、裝著上課的不同道具到課堂上，下課時雨晴會笑盈盈的順手接過我沉甸甸的包包，一路陪我走到車子旁。有時男友會過來課堂接她，一見面就提起雨晴的包包，走路時貼心的用手罩著她的肩，不時用手指梳整她被風吹亂的髮絲，當然，他也沒忘記我，大大的右手順勢接過我厚重的皮包，唉呀，羨慕呀羨慕，面對一個這麼可愛、又備受愛情呵護的女孩，那樣的羨慕裡似乎也夾雜著某種忌妒，怎麼會有一個這麼有異性緣的女孩呀？擁有著我一直想要卻又無法得到的浪漫愛情。

看著兩個人幾年的甜蜜，竟然分手了?!我不知道帶著忌妒的我有沒有辦法好好地跟她聊？有沒有辦法試著放下自己的妒忌，放下「劈腿」的道德評價，就只是聆聽她的故事，引導她自己回應自己的故事？我真的沒有把握。

想起前陣子看了一位美國心理治療大師歐文亞隆的書，我很喜歡他提到自己與個案的關係，其實是「旅程中的同伴」。助人者與求助者之間建立開放坦誠的夥伴關係，共同經驗人生旅程中的愉快與陰暗。我思索了一個晚上，決定冒險。我想放下老師的角色，以同樣和雨晴有著感情議題的女人姿態，一起跟著雨晴在愛情旅程中探索。

隔天中午，雨晴依約前來。

眼前的雨晴一如平日的迷人，骨碌碌的大眼水汪汪的，搭配上俏麗的黃色短裙與米白短版上衣，我忍不住多看了一眼，這份閃耀的亮麗讓我幾幾乎忘了她正處於情傷之中。我微笑著邀請她坐下，我問了她：「妳想聊什麼？」

她帶著笑意說起：

「現在的我變得和以前不太一樣，很衝突。這幾年我一直以為我很愛我男友，可是後來我愛上了另一個男人。我直接跟他說這件事，本來他說只要我跟那個男生切斷關係就好，我試了幾天真的很痛苦，所以我決定跟他分手。可是他卻那麼的愛我，我沒有辦法裝，我覺得我應該受到譴責……」

認識雨晴幾年，一直看到她可愛又笑容滿面的模樣，即便講難過自責的事情她還是選擇帶著笑容，果然是雨晴，臉上永遠是晴天，習慣把陰暗的雨景放在不見人的深處。

真實帶動了真實

她很直接說起她喜歡上另一個男人，如果是我，我真的說不出口，對眼前這麼個女孩，說真的，雖然忌妒，但是她有著我很難做到的勇敢。

我開口稱讚了她的勇敢與坦誠，也說起自己對她的感受：

「兩天前妳主動說要跟我聊聊時，我掙扎了許久。我知道自己對於這次你的『劈腿』心裡有些生氣，更深的心裡其實對妳充滿了忌妒，因為妳的異性緣是我一直以來沒有的。如果我的心情充滿波動，我很難用一個老師的角色跟你聊天。後來決定跟你聊，不是因為我是老師，而是一個跟你一樣都渴望愛情的女人，這樣的我才能進入你的故事跟你一起探索。」

說完這段話我心裡覺得鬆了一些，可以更真實的與雨晴互動。

我好奇地先問她：「你希望我可以幫助妳什麼？」

她想了一下無法決定。

「你是要我幫忙譴責你？」雨晴笑了，「也許就只是分享吧！」

「好。那我就請你先跳出來，以一個旁觀的角色看看幾段戀情中的雨晴……」

「我在投入每段感情的開始都很有勇氣，慢慢會發現一些問題害怕不安，然後離開。」雨晴很清楚自己感情發展的歷程。

「所以，妳似乎也預見了目前的這段新感情，後來也可能會因為不安而離開？」

她點點頭：

「不過在每段感情裡，我都有一些成長……」

「什麼成長？多說一點。」我很好奇。

「譬如在第一段感情裡，我只想要浪漫轟轟烈烈的愛情，後來談感情慢慢去習慣平淡的幸福，跟前男友在一起，也開始去同理對方，也了解愛要經過不斷的磨合與調整……」

奇妙的是，當我真實的表達了自己的內在之後，接著繼續講故事的雨晴，那個常以笑容掩飾尷尬的慣性不見了，敘說自己的她表情變得自然，我喜歡她這麼真誠的狀態。

我想找回真實的自己

「這的確是很多的成長。你提到自己無法愛著另一個男的，假裝沒事再跟前男友互動。多說說你和前男友的這段感情……」

「我們後來常常爭吵，我們價值觀不太合。他是個大男人。譬如有次我說自己未來要經濟獨立，那樣我就可以買我想要的東西了。他不認同，他覺得我應該全然信賴他、依賴他，讓他滿足我所有的需求，然後我們就在LINE上頭吵來吵去……」

「當時的妳是什麼心情？」

「很煩躁，其實我很生氣，但是用文字又打不出來……」

「你們不是每晚都見面嗎？怎麼不面對面談這個問題比較直接？」我太好奇了。

「可是，面對面我說不出來，我們還約好就是不要用LINE吵架，有事要好好講。可是有時還是忍不住……」

我感受到兩人之間的愛，因為愛不要用情緒傷害對方，可是因為愛卻壓抑隱藏自己對伴侶的真實情緒，往往會成為關係中的未爆彈。

「我有好幾次都提到分手，但是他還是說服我繼續努力。所以我就留下來了，因為他對我真的很體貼、很照顧。他現在剛上研究所，但是對未來已經有許多的規劃，以後要和爸爸媽媽一起住，生三個小孩，我在家裡當主婦照顧孩子，他全力在事業上衝刺，說我們可以一起經營一個美滿的家庭生活。只不過他很擔心未來工作難找，一時很難讓家裡經濟穩固，我會勸他壓力別這麼大，工作、感情和婚姻都慢慢來就好……」

在說這些話的時候雨晴是為了安撫前男友嗎？我感覺到有壓力的不只是男友，其實雨晴同樣承擔了很大的壓力：

「我感覺不到在這段關係妳的真實，妳似乎一直在學著同理對方、試著安撫對方、試著化解與承擔對方的擔憂。」

她緩緩說起：

「其實我不喜歡他所為我們規劃的一切，我不想要跟公婆住、也不想要早婚、我也不想生三個小孩、不喜歡待在家裡當家庭主婦，特別是他今年論文就要完成了，即將要開始找工作。我壓力很大，看著他愈來愈一頭熱的投入在自己的人生規劃裡，我覺得我要早一點告訴他分手這件事，這才是負責任。不然等他一切都安排好，再提分手，那時傷害會更大……」

我有些了解雨晴的想法了：「所以妳覺得要對前男友負責才主動提早分手？你想對這段感情負責，不想繼續傷害他？」

雨晴點點頭。分手是為了對對方負責，我從未有過這種想法，不過我更關注的是雨晴自己，而不是分手對前男友可能的意義：

「可否轉回來談談妳自己？聊聊結束這段感情對妳的影響是什麼？」

「我想要學會真實的表達自己。在跟前男友這段好幾年的關係中，我很感謝他這麼貼心的照顧我，所以我也開始變得很討好，不太敢跟他說我心裡真正的想法，可是慢慢的我壓力愈來愈大，離開他，更讓我覺得我要學會真實的表達自己。現在這個男友會鼓勵我好好表達自己的感受與想法……」

「我感覺到離開前男友，似乎對妳來說是想找回真實的自己。在新戀情中好好練習表達自己的想法，這是妳要的？」我試著不帶建議的重述她的意思，等待她可以更多的敘說自己。

「我也想要逃離，逃離那個我無法承受的壓力。跟現在的男友在一起我很輕鬆自在……而且跟他在一起是我主動選擇的，不像之前被動地讓前男友決定。」

雨晴愈來愈自然地，把心裡曾經下雨的角落帶出來分享。

「你在新戀情裡嘗試回歸真實的自己，這是對你很重要的議題。那妳現在還自責嗎？」

「我其實之前掙扎很久，但是一旦下決定後就會變得勇敢。不過對前男友我很愧疚，昨晚收到他傳給我的訊息，說他不恨我了，決定祝福我，看到這個私訊，我心裡比較釋懷了……」

「所以你愧不愧疚、釋不釋懷是由他決定囉？」

雨晴笑了。

「妳只能負責調整自己、讓自己逐漸安穩下來。前男友要走過這段歷程也很不容易，但是他會有自己的方式走過來的。」

忌妒說出後就縮小了

神奇的是，在我自我揭露後，對雨晴心理的情緒波動小了很多，原來忌妒說出後就縮小了。在忌妒說出之時，我連結了自己的內在，為我打開一個可以和她平等互動的空間。雨晴與我，年紀、相貌、經歷雖然大不相同，然而我們都是在感情裡沉浮、在感情裡不斷自我追尋的女人。看見這點，與她在心底多了一份連結。

決定做自己，同時承擔別人的眼光

最後我說，「我說完了。你呢，還想說什麼？」

雨晴說起自己會擔心同學的眼光與誤解，或是直接為她貼上「不忠」、「花心」的標籤。這的確很有可能，**總會有人無法理解自己的決定與行動，決定做自己之時，同時得學著承擔別人的眼光**。我沒給她答案，也沒給她安慰，只是詢問她要如何面對？她沉吟一會：

「我一旦下了決定後就會變得勇敢，不太在意別人的看法。」

「那就繼續學習真實做自己的功課！」我呼應了她。

離開之前，我擁抱了雨晴，擁抱著她，感覺彼此的身體厚實而貼近，那裡頭有著相互的開敞與信任。這一切發生在雨晴更願意進入內在自我探索、發生在我更真誠的自我揭露之後。

放下劈腿的評價，進入故事的厚度

我們面對感情，經常最直接的就是忠實與否的道德評價，所以聽到小三或是劈腿事情，就會直接下好壞對錯的判斷。這樣去面對一個感情故事是容易的，卻也是主觀片面的。

在雨晴的故事裡，我先試著讓自己回歸一個同樣渴望愛情、同樣在愛情裡跌過跤的女人姿態，這樣的我在聆聽她的故事時就可以感受到在主流道德之外的故事厚度。對雨晴來說，她選擇結束一段長期有壓力的關係，在另一段感情裡開展新的自己；對我來說，聆聽這段愛情故事，我學到了真實面對自己的忌妒，真誠敞開自己的內在。

身為旁觀者的我們，對別人的感情如何下評價並不重要，重要的是，在這段感情故事裡我們所學到的；重要的是，讓每段感情都回歸自我決定與自我負責。

大頭鬼要結婚了
——放下層層社會框架的愛情

一個畢業七八年的碩士生，大頭鬼。

畢業後她很少聯絡我，幾乎很少對我展現過禮貌。奇妙的是，我倆就是很投緣，一見面就是關心、一講話可以邊哭邊聊邊找衛生紙，有人說過我倆氣質很相像。

去台北工作半年的大頭鬼突然在臉書上敲我，只說了想跟我碰面。或許是想分享生活與愛情的辛酸吧，我跟她確認了星期四兩點，「下午見」是她精簡的回覆。

這天我正好提早到學校，我說，「早上有空就先過來吧」。半個小時後，見到一身白襯衫、牛仔褲清爽裝扮的她，我開心地與她擁抱，一如以往。

像T一樣的妳居然要結婚了?!

進入研究室後，大頭鬼一屁股坐在沙發上，雙腿還不安分地掛在扶手上。她平淡的說：「我要回來嘉義，現在準備要結婚了……」

結婚?!我還來不及多問，她就嘩啦啦的說起自己在台北工作的種種，我的心早就跳到結婚這件事了，管妳什麼工作？

我著急的強行介入：「快點，多說一點你結婚的事！」

留著一頭短髮、幾乎只穿褲裝的大頭鬼，雙腿繼續跨在扶手上一邊晃著一邊把話題轉入結婚。

其實我還停留在不可置信的所有想像上：

「咦？怎麼可能？跟他？你明明一副很T的模樣，應該許多人懷疑他怎麼會跟T在一起？而妳居然要結婚了？像風一樣自由的妳、像T一樣的妳，居然要結婚了？講話兩條腿還不安分亂動的妳，居然要結婚了？」

我倆相視大笑，大頭鬼的一雙腿還是沒打算放下來，繼續隨興地搭在扶手上，總覺得大頭鬼的隨興從容比起之前更多了一些。

「沒錯，許多人都不相信我要結婚了，有人說我很怪，我也一直覺得自己跟別人不一樣，這件事也曾經困擾我，特別是跟女生朋友一起出門的時候，看到她們嬌弱的要請男生幫忙做事，我就覺得為什麼我跟她們不一樣，後來看了《被討厭的勇氣》這本書，給了我更多勇氣去接受我自己的樣子。這本書我圈點了好多地方，我還買了十本送人……」

我笑了，很陽光的笑：

「我不覺得你怪。怪，似乎是一種，『咦？怎麼會這樣？』我一直覺得你是很獨特的，那種坦然接納的獨特。」

心裡浮現了大頭鬼當年在研究所的模樣，記得當時我剛來嘉大任教，她上課的時候很投入認真。過年時接到她的電話，還以為是什麼新年祝福，其實是通抗議電話。她質問我為什麼把她的成績打得這麼低？我自己覺得還好呀，因為我全班的分數都給得不高，不過她已經是班上成績數一數二的了。聽了我的解說，她似乎氣消了。倒是我，對於她的率直留下了特別的印象。

這些年，她的打扮外型愈來愈中性，所以說真的，我就把她定位為女同志，萬萬沒想到她竟然要結婚了！大頭鬼很鄭重的說起另一半：

「他對我就是全然的接納，我留短髮、我說話又急又大聲、我的穿著打扮，他都接受，沒有要求我改變。他要的就是我這個模樣。」

這個即將成為大頭鬼的老公，沒有把一般對人妻、對媳婦的要求套在大頭鬼身上，這樣的寬厚果然可以收服一顆漂浪的心。

結婚只是時候到了兩個人一起走下去

還記得半年前她離嘉北上時剛發展的這段新戀情。她說起對方是小學同學，從外在眼光來看，男方的學歷與收入都比不上她，不過兩個人的相處很自在。但是她對於婚姻要牽扯的許多複雜覺得麻煩，也不清楚北上的她是否可以維繫這段遠距離愛情。我還以好心的長輩角色，提醒她兩個人之間學歷、距離、身分的差異容易造成的問題。沒想到這一次，她還進一步決定和這個男性步入婚姻與家庭的階段……一個最容易失去自我的階段。

「我不想拍婚紗、不辦婚宴、婚後要搬出來住，他也都接受。我對婚姻沒有什麼浪漫的想像，就只是覺得跟他在一起很舒服自在。時候到了，可以接受兩個人一起生活，甚至以後有孩子三個人一起生活……現在的我，可以想像老了眼睛睜開的時候，看到身旁的他，就算長的不怎麼樣，還是很舒服。」

她沒有對愛情特殊的憧憬，只是覺得時候到了可以一起走下去，也願意從台北搬回嘉義平實的經營兩個人的生活。就像是生命之河往前流動著，碰到了彎口就順勢轉彎，沒有衝撞的澎湃激流，只是順其自然的容許、接受一切的發生。

我深刻體驗過社會的層層框架，我倒是很好奇兩方家長可以接受嗎？

「我爸媽可以。不過那次他爸媽來我家，知道我不想辦婚宴，還是有些不能接受。他們說不請客好像偷偷摸摸，想要辦一兩桌請重要的親戚過來。我說沒問題，不過我就是穿平常的衣服出席。」

她平靜的說起和未來公婆之間的溝通，還特別強調這是告知，不是溝通，她要他們清楚了解自己的狀況。

「說這樣的話對你沒有掙扎嗎？」，我更好奇了。

她很堅定的說：「沒有。不過以前的我一定說不出這樣的話……」

把時空往前拉得久一些，大頭鬼娓娓敘說了過往曾有的生命插曲。

從乖巧女孩長成率真女人

小時候她一直很稱職的扮演著爸媽眼中的乖女兒，說話輕聲細語、留著長髮溫柔而帶著些可愛的靦腆。走過不同的求學階段、畢業後去學校實習，很多年的時間她都學著去適應這個社會對女孩的要求，展現出自己柔弱、依賴與需要被照顧的一面。她喜歡過男生，也和女生在一起過，她不懂自己為什麼喜歡一個人會跳過性別這件事？為什麼不是跟大家都一樣的異性戀就好？不過，不管喜歡誰、什麼性別，她都是那個需要被照顧的小女孩。畢業後進入實習的階段，她曾經把整個世界都交託給一個女孩，兩人偷偷的交往，她認定對方就是她的天。萬萬沒料到女孩愛上了別人遠離了她，在自己的世界突然崩壞的那一刻她選擇自殺，突然北上探望她的爸媽意外救了昏迷的她，既然上天多給了她一次活下來的機會，大頭鬼決定這一次，她要為自己好好活著。

後來的她逐漸學著獨立，學著照顧自己。後來的她來到研究所進修，心裡已經篤定著要透過碩論解答她長年以來在性傾向上的困惑。為此，她修各門課、寫各個報告，都扣緊了性別的方向。在寫論文的過程裡，她不斷的與自己對話，一邊看文獻寫論文，一邊參加同志大遊行，看到了街頭上許多同志勇敢出櫃、站上街頭爭取自己的人權，慢慢的，她學著愈來愈直接表達自己的想法，頭髮也愈剪愈短、連說話的聲音也愈來愈大，漸漸成為我們眼中率直、爽朗、富有正義感的大頭鬼。認真說來，這本論文磨出來的不只是理性思辯的論述，更是大頭鬼勇敢的生命力。

然而，即便當年在研究所裡的她，個性已經逐漸展現率直爽朗的一面，但是她也會用跟「男友出遊」掩飾自己和女生交往的事實、雖然特地挑了同志議題當作論文主題，但是她對我這個指導教授隱瞞自己的性傾向，曾有的遮掩大部分都顧慮了別人的眼光。直到論文口試結束後，她才親口對我坦承，自己是因著喜歡女生才做了這份碩論。當時的我，既訝異又傷心，原來她這麼長期對我隱瞞自己的性傾向，雖然我也能理解她心裡的某些擔憂。

勇敢向來不是一蹴可幾，而是一步一步慢慢走出來的。

碩班畢業後北上工作的那幾年，她的勇敢更跨大了步伐前進。結束了一段感情後，她練習著不需愛情的陪伴繼續好好工作與生活。她到一個大學做僑生輔導的行政工作，在異鄉求學的僑生常常面臨許多生活、課業與情感的困境，她的手機從不關機，方便半夜有僑生打電話給她，可以及時的撫慰對方；常常上班到半夜十二點，因上班時間可能得花四五個小時陪伴一個情緒不穩的學生，所以只好把事情挪到半夜才做完。即便如此，她並不害怕一個人待在深夜的辦公室；晚上疲累地回到家，接到一通學生的電話又拿起安全帽急奔到學生家裡陪伴。這個工作真的很累，但是大頭鬼心裡是滿足的，她喜歡自己發展出的助人者面貌，她喜歡被需要，有能力照顧別人，這樣的她可以一再確認自己是獨立堅強的，遠遠的脫離以前柔弱的女孩角色。

一路走來並不容易，不過大頭鬼愈來愈在自己的這條路上了。

她愈來愈清楚，自己即便是女孩，還是可以跳脫女孩的刻板印象，剛強、勇敢而獨立，活得像自己一樣；她愈來愈清楚，自己不需要被「雙性戀」、「女同志」、「異性戀」這些性傾向的標籤所束縛，當愛情來臨時，她只需要確認「我愛你、你也愛我」這件事，知道兩個人願意為著愛對方而努力。

兩個人在一起，就夠了

即便清楚大頭鬼已經可以為自己的選擇自在了，我還是忍不住想把半年前對兩個人的擔憂再提一次：

「對於你倆現實上的差異，你真的可以面對別人的眼光與質疑嗎？」

她清楚的說：

「我不介意。別人問起他在做什麼？我就說做傳統產業的，因為我也搞不清楚他的工作。平常我們相處聊得來、跟他在一起很自在，他願意尊重包容我這就夠了。」

「他也會對我們學歷、工作的差異感到不安，他曾經說我對他的愛很深切，可以接受這一切。」說著這些的大頭鬼，臉上沒有膽怯沒有擔心，就只是篤定。其實，願意彼此包容接納的兩個人、願意一起面對生活的一切、願意一起承擔未來的晴天雨天，這不就夠了嗎？

聊到這裡，我才知道對大頭鬼的提問，其實都是為我自己發問。

即便我一直堅持走自己的人生道路，但是面對人生幾次的重大決定，不管是出國留學、賠公費離開國中教師的工作、或是後來選擇離婚，我心裡還是有著恐懼，害怕著別人的眼光萬一投向我，我無法承受那短短片刻裡的不解、不屑或是擔憂。而大頭鬼直挺挺的面對這一切，把眼光望向對方、望向彼此的互動與兩人堅定的愛。

見證一段獨特而美好的愛情

最後，大頭鬼拿了一張結婚證書給我：

「老師，妳對我很重要。雖然沒有婚宴，但是我請妳在我的結婚證書上簽名，見證我們的婚姻。」

這張證書的見證人有十多個欄位，她邀請對自己重要的人在上頭簽名，以這張證書見證兩人的婚姻。

好特別的形式，大頭鬼就是大頭鬼，那麼知道自己要的是什麼。

見證是一個特殊的榮耀時刻，代表我有幸目睹一段獨特的愛情。

可以興奮地宣揚、傳遞自己經歷過的美好，也知道自己一邊見證的同時，也一邊被激勵，在往後的人生更勇敢的做自己。

小花的臭臉
——重新拿回幸福主導權

一大早八點多，一通手機鈴聲劃破了清早的寧靜，心理閃過驚惶。我跟電話、手機一直很難平和共處，聽到鈴響的第一個反應仍然是萬年不變的恐懼。「到底是誰？」、「是什麼事情？」「是我可以應付的嗎？」鈴聲響起的瞬間引發的想像嚴重挑戰我的掌控欲，接下來我會先注意是誰來電的？方便我縮小範圍掌握可能的應對情境，這樣的我會少一點驚慌。啊？居然是小花？這學期擔任我一門課的科長，小花？奇怪，明明今天不上課，這麼一大清早的聯繫會是什麼重大情況？我擔心著會出現什麼我無法處理的問題。

隨著鈴響，我深深的幾個呼吸把自己帶回來後，接了電話，更意外的，聽到了不斷啜泣的小花。向來亮麗綻放的小花突然一整個枯萎，那麼的脆弱無助卻又那麼的真實：

「老師，我好難過歐，男友跟我分手了。我也不知道是不是分手了？因為他拒接我電話，然後臉書封鎖我，我已經哭了一天，怎麼辦？心被掏空了，好難受……」

聽著電話那頭止不住的哭泣，我意識到自己無能為力的慌張，試著繼續用深呼吸先把自己穩下來。我知道愛的痛楚會進的很深，我很難用什麼高明的話語平撫她的情緒。最後，我只能回應：「當然很難過，因為你付出了很深很深的愛。」然後繼續聽著她的啜泣聲……。

在傷痛中憶起自己擁有的美好特質

不過哭泣總是會停的。我忘了對話如何結束，不過我清楚，這通電話只是小花傷痛的開端。這天的我，掛心著自己的工作，同時也掛心著小花，我想，就先寫一段文字陪伴她。我相信，如果在傷痛中還能憶起自己擁有的美好特質，這份對自己的相信可以帶著自己走出來：

妳看重安全感，妳也了解遠距離的愛情很難維持，但是妳還是選擇勇敢的投入這段感情。在起初的曖昧期後，妳勇敢地探問對方的心意。妳說話直接坦率，但是妳試著調整自己，讓自己多一些溫柔。因著妳勇敢去愛，在這段親密關係裡妳為自己開啟了豐富的生命體驗。先容許自己難過傷心，容許自己脆弱，接納了脆弱，妳會重新站立，變得更加勇敢、更有智慧。

沒有誰的錯，只是不合適

小花徹底的哭過後，隔了兩天仍然準時來上課，仍然把投影機、麥克風等器材都在課前準備妥當，仍然投入聽課做筆記，仍然勤奮努力一如往常。這就是小花的堅韌，她的根扎得深，風雨的吹打只是讓她折腰而已，並沒有傷及根部。不過，小花說，一回到家裡，做完了該做的事，就一個人淚流不止。**其實，能容許自己一再哭泣是件好事，也只有在不斷哭泣後才能神魂歸位，慢慢清理出「怎麼了」**？

從以前幾次的聊天中，我已經感覺小花心理強烈的不安，隨著感情投入越深、小花的期待也累積越深，她心裡想著：

「該有個什麼承諾吧?!不用畢業後馬上結婚，但是起碼給一個什麼將來的規劃，表示兩個人有未來」。

「有未來」這件事意味著兩人關係的穩定。偏偏隨興的男友寧可給她甜蜜卻不給承諾，加上兩人兩三個星期、甚至一個月才見面一次，關係的經營愈顯困難。

小花想扎根在土裡、他偏偏來去如風，風可以撩動滿天塵土，風卻終究不需要土。沒有誰的錯，只是不合適。

如果感情愈久，越把愛情的焦點放在那個承諾的時間上，愈發不安的檢核男友的進度，而男友也因著這個承諾充滿壓力或是愧疚。這麼一來，本來是兩個人一起努力的願景，反倒成了相互的傷害。

我問了小花，「如果把這個承諾拿開，你感受的到他的愛嗎？」

小花不假思索地回應我：

「即便沒有這個承諾，我還是感受到他願意配合我、願意多一點細膩與溫柔照顧我。」

或許是承諾這件事變得太過沉重，所以男友選擇逃開，但是這個方式的確很不成熟、很是傷人。話如果可以好好說清楚，好好認清兩人的不合適，好好說再見，那麼傷心會來得少一點。

容許自己臭臉吧，給出一個自我調適的空間

小花試著LINE他，希望可以得到他明確的回應，但始終都是已讀。她忍不住還是期待從他口中聽到確切的「分手」兩個字：

「這樣我就能得到平靜，不再相互折磨了。我也想好聚好散，我為什麼要讓自己變成瘋婆子這麼難過？對不起，我又把負面情緒給妳了……」

晚上小花和我互通私訊，表達了她想要男友明確表態換來內心的平靜。我忍不住心裡的激動，別傻了，妳怎麼會把自己快樂的主權交給對方？？

我試圖平靜地寫下我的疑問：

「妳為什麼選擇由他來決定妳的平靜？妳要的是什麼？妳想要他提出分手還是他的回頭？這段時間很難受，但是能讓妳慢慢回復的只有妳自己，而不是他。」

「謝謝阿媚。我決定放下了，但是會臭臉一陣子，請多擔待。」

這麼多年來，我很難接受自己或別人臭臉。在別人臭臉時不是想逃離就是想要逗對方開心，現在的我試著接納各種的情緒，**我想給臭臉一個新詮釋，這只是對方需要一個空間自我調適而已**。所以我回應小花，儘管臭臉吧：

「真的要恭喜妳決定放下他，但是心情沒辦法一下子復原，想臭臉就臭臉吧，容許自己的恨與情緒。**觀察自己在時間歷程中的變化，那個對對方的恨，從憤怒、遺憾、傷心難過，慢慢又轉成祝福的歷程**。慢慢很難，但是慢慢是生命必經的美好歷程，懂得慢慢，妳會愈來愈有力量，愈來愈美麗！」

就這樣，我與小花有時網上相遇、有時課堂相遇、有時她笑臉迎人、有時她臉色低沉，有時覺得自己看開了、有時又陷入怨恨，心情起起伏伏，都是必經。

我的未來不會有他，就讓他留在過去

不過，儘管心情有起有落，在幾個月的時間裡，我已經感受到小花的轉化了。我最喜歡觀察的就是時間這雙手如何撫平一個人的傷痛，如何引導一個人的成長？有回在校園裡偶遇，回想起她最初說的，我覺得整個人被徹底掏空走不出來，時候到了，我好奇地想詢問她：

「這段感情除了給妳傷心難過，還留下什麼成長？」

「這段感情裡，我覺得我一直追著他跑，從一開始的曖昧期就是，他喜歡的想要的我都配合。為了他心情不斷起伏，之後我不要配合誰，我要做我自己。不要再追著任何人跑，過分的討好是委屈自己。」

「那這份愛除了留下傷口，可貴的是也在妳身上留下新的眼光。妳的淚水又少了一些吧……」我好奇。

「沒哭了。不過胸口還是悶悶的。」

「好好心疼自己給自己愛，萬一突然難過了，就好好溫柔地安慰受苦的自己。傷口慢慢才會結疤，對自己要有耐性，妳復原得很好。」

又隔了一陣子，小花主動傳來私訊：

「謝謝阿娟。就如你說的，過去的事無法重來也無法抹滅，我要自己追求幸福，我的未來不會有他了，他就留在過去吧！我對這份感情已經盡力了，我勇敢去愛克服一些問題，已經沒有遺憾。最近腦中一直浮現他跟我說的話，他說我是他生命中很重要的人，他一直很謝謝我陪伴他走過低潮。其實他也是我生命中不可取代的人，但這份感情會留在心裡深處。」

在時間之流中小花繼續在轉化，她進一步可以祝福對方、珍惜這段曾有的回憶。時間呀！時間，何其不思議，就這麼帶著一個女孩療癒、轉化與重生，就這麼帶著小花長成一朵尊貴、挺立的清香百合。

放下責備，重新拿回幸福的主導權

有些人只能以突然消失的方式告別一段感情，這樣的確很不成熟，但是除了責備對方，更重要的是我們重新拿回幸福的主導權。肯定自己在戀情中的付出與勇敢、練習接納分手後起起伏伏的傷痛，時間慢慢走過，我們就可以重新站立，帶著這段傷痛卻又充滿成長的記憶去找尋自己的下一段幸福。

卓芳的項鍊

——關於「墮胎」的重新省思

從二〇一二年以來，我在通識課探討性別議題的部分出了一份特殊的作業，這份作業邀請學生寫下各式各樣的私密故事。其中，有篇很獨特的墮胎故事深深觸動了我，我很訝異十八歲的她怎麼敢這麼真誠的分享自己就學前的一段墮胎經驗？我透過臉書私訊邀請她來跟我說故事，她馬上答應了。理由竟是：

「我想讓更多人記得我的孩子曾經活過，記得他在這個人世間短暫的生命。」

我真的不懂，充滿了困惑。

十八歲的卓芳早不是一個女孩，而是一個有著情欲、性經驗的獨立女人。在一個微雨濕冷的天氣裡，她來到我的研究室，彼此啜飲著溫熱的咖啡，我倆開展了一段對話。

愛帶來開放，也帶來隱瞞

這個故事千頭萬緒，要從何說起呢？

身為媽媽的我，我最好奇的起點是卓芳瞞著媽媽自己和男友去墮胎。那是一個威權嚴厲讓孩子不敢傾訴心事的媽媽嗎？

「媽媽是一個幼兒園的園長，工作很忙。家裡的爸爸長年生病沒有工作，爺爺奶奶老了也常生病，他們一生病媽媽就會請假在醫院看護，她還有自己的爸媽、我和哥哥要照顧。這次考大學，媽媽還陪著我到處面試考術科，為我付出很多我才考上自己想要的科系。她是個很辛苦很堅強的女人，什麼都要做，我實在不忍心她還要多照顧我懷孕的事……」

我很想多了解卓芳的媽媽，這麼辛苦一手撐著整個家的女人會不會很權威讓孩子懼怕呢：「說說你的成長歷程好不好？」

「上大學這件事是我很期待的，我從小就是念普通班一直到了大學才有機會上美術系，我真的很珍惜。從小我就對畫畫很有興趣，那是我唯一可以表現的能力，學科能力就很差。但是爺爺奶奶都是老師，他們從小就很反對我走畫畫這條路，希望我唸個什麼管理金融的科系，但是我就是無視他們的意見，不斷的抗爭！」

卓芳留著一頭長長的直髮，穿著樸實的外套和牛仔褲，一副恬靜乖巧的模樣，從她的嘴裡吐出「無視」、「抗爭」的字眼，顯得格外反差。我好奇地很想知道卓芳所謂的抗爭是什麼？

「你所說的抗爭是？」

「就是……一直ㄍㄧㄥ著呀！」她哈哈大笑。

我想，這應該可以轉譯成堅持到底吧。

「我印象很深刻的是，國中時被叔叔罵過學畫畫沒用，我哭著問媽媽，為什麼他們都要反對我？媽媽就鼓勵我，不要管他們，就做你自己就好了。媽媽默默的支持我，一邊幫我繳學費繼續學畫，一邊還在爺爺奶奶面前幫我擋著，說我認真唸書，沒有再學畫了。高中的時候媽媽還帶著我去考外縣市的美術班，可惜沒有考上，不然那時候我就去外縣市念書了……」

聽起來媽媽一點都不權威，而是整個家庭中最支持卓芳追求夢想的人。

「媽媽是一直拉著我往前衝的人！」卓芳笑著說，表情裡有著感激。

我更好奇了：「即便面對這麼開放、這麼支持卓芳的媽媽，還是有些事你選擇不跟媽媽講？」我十七歲的女兒如果瞞著我一個人默默承受重大的壓力，我會很難過自己無法陪伴她走過這段歷程。

「我什麼都會跟媽媽說，就是感情的事沒有。因為媽媽希望我大學以後再談戀愛。而且我不想要她擔心……我有我的考量，不管生下來還是拿掉，對她都是很大的影響。等我下一次懷孕的時候，我會跟她說這件事。」

即使這麼親的母女，還是有些話選擇不說。我從小就希望跟女兒建立一個無話不談的關係，甚至把她什麼都可以跟我說當作一個好媽媽的指標，原來愛不只會帶來開放，也會帶來隱瞞，即便不說什麼，也是因著愛。不過就算墮胎的過程沒有從小信任的媽媽陪伴，卓芳還是靠著自己的力量走了過來。一個孩子所能承受的，遠比一個媽媽想像的大的多……。

對自己想要的堅持到底

我驚訝著十六歲的她為了唸美術班不惜離家在外生活。「十六歲的你一直就很堅定要唸美術班，即使要去外縣市念書獨立生活？你不怕嗎？」

「不會呀，有什麼好怕？」

回答的好理直氣壯，十六歲勇往前衝沒有顧忌的憨膽呀！

「可惜沒有考上，所以我讀了家裡附近高中的普通班。雖然我知道以後自己要念文組，但是我還是選擇了自然組，因為這一組的學生比較認真，我怕自己進了社會組跟著大家一起玩。我媽他們也會碎念我幹嘛選自然組？要升高三的時候很好笑，桌上攤開的是上課課本，旁邊擺了一本社會科課本，自己偷偷念，完全不管上面在說什麼。」一個順帶提及的記憶，引導了我對這個畫面的想像。我上課時很難忍受學生不專心，沒想到這個「不專心」有著卓芳自我抉擇與自我負責的堅定。

故事說到這裡，從卓芳的成長歷程裡，我大致可以勾勒出一個對自己想要的堅持到底的卓芳。

對一個未曾降生的生命慶賀與道別

這樣的她面對意外懷孕這件事有著怎麼樣的想法？

「暑假的時候我身體很虛弱，還因為發燒晚上進了急診室點滴吊了兩瓶。加上沒有胃口，生理期也延了一個禮拜，我心想不會吧？選了一天早上買驗孕棒，不出所料兩條鮮紅色的線映在眼前！我當下一直哭，沒想到男友倒是很開心的飛奔過來抱住我。他說：生下來他養得起我們一家人，不用擔心。因為他的開心讓我也感染到喜悅，對這個孩子有了愛。下午去照了超音波，醫生告訴我已經五週，要趕快決定要不要留。拿了照片走出診療室，我男友很開心的一直看著小孩的超音波照片，晚上我還唱歌給小孩聽……」說到最後一句，語調變的輕輕柔柔，才十八歲的她露出了溫暖的母性笑容。

「如果男友和你這麼接納這個小孩，是什麼讓你們決定拿掉孩子？」

「差不多花了一個下午的時間。我們就像辯論會一樣，兩個人提出正反面不同的意見，提出反駁再提出意見。仔細討論後，就決定拿掉孩子。決定了之後，我異常的冷靜，男朋友還哭了……我們最後一起為小孩取了名字。」

我很難想像可以把許多內在的澎湃壓下轉化成一個沉著理性的思辨歷程。如果是身體經驗，感受性會很強烈吧？

「說說妳拿掉孩子的身體經驗……」我繼續探索著。

「我有查過墮胎的許多資料，有吃藥和從子宮刮除胚胎的方式。醫生說我的情況要在三天內下決定。拿掉的話，要先在婦產科吃一顆藥讓小孩停止生長。第二顆是把孩子流出。資料上說吃第二顆藥的時候，有很多人會大失血痛得半死。我在想如果很痛，那就是我拿掉孩子的代價了。」

「決定吃藥那天發生了什麼？」

「那天先吃了第一顆藥，然後我們一家三口先去逛街、吃飯，享受我們最後的時光。後來吞下白色的第二顆藥丸，我才剛跟我的小孩認識二十四小時就得跟他分開了，一切發生得那麼快，還沒準備好，他卻來了；沒能認識他，他卻離開了……」

平淡的語氣、平淡的述說，裡頭藏了許多難以言喻的厚重情緒。

「睡覺前我還墊了夜用衛生棉，擔心大失血。隔天早上起來居然沒有什麼感覺，上廁所的時候我查看了衛生棉，有一個很大的血塊在上頭，我把衛生棉對折刷開了血塊，我想看得更清楚一點，結果看到了一個很像葡萄籽的東西，我知道那是我的孩子。我不敢多想，就直接丟到馬桶沖掉。其實我平常是經痛到會吐的人，身體在墮胎的時候卻沒什麼痛，我想，這是我的孩子給我的祝福。」

「有人說被墮胎的孩子會跟著媽媽，還有一些奇怪的靈異傳說。你怎麼看待這些呢？」

她疑惑的說：「拿掉孩子的隔天，我們去廟裡點了光明燈，他願意當我們的小孩，我們也希望能為他做點什麼，我們做了有他名字的項鍊帶在身上，不想要因為時間而忘記他。我不懂如果孩子跟著我不好嗎？他不是在責怪中出現的，而是在愛裡頭出現的。」

我無法想像從自己身上拿掉一個小孩，然而如果我只有十八歲，那麼年輕的我又敢承擔什麼嗎？我不知道。我很讚嘆卓芳即便決定割捨一個小生命，他們還可以為他的離開展開完整的祝福與送別儀式，有著對這孩子深刻的愛與連結。

「這件事後來對你們兩個人有什麼影響嗎？」

「其實我們都有用保險套避孕，沒想到孩子是緣分，要來就是來了。我們兩個還是很好，我們的連結更深了，因為陪伴彼此走過這段歷程。多了這段記憶後，會去逛嬰兒用品店，也會說到孩子的事。不過做愛的次數就減少了，或是只有做一半。但是我本來就比較享受擁抱親吻的過程……」

這些年我也聽過女大生懷孕墮胎的故事，聽到的都是後來兩人分手了，不知是不想面對這段傷痛？還是墮胎後留下兩人無法彌補的陰影？沒想到這對情侶願意一起承擔、一起面對、一起帶著這段遺憾的記憶共同走下去。

我想讓我的孩子被記得

關於墮胎的故事通常不是被貼上「不負責任」的標籤或是被定義為應該遺忘的傷痛，而卓芳卻願意透過書寫與敘說重現這段記憶，我真的很想了解：

「你怎麼敢分享這件事？不擔心別人對你的評價嗎？」

「這不是可恥的事情」這句話說的清脆而肯定。

「我也不想否認這個在生命中曾經的一段記憶。我想讓我的孩子被記得……」

我繼續發問：「你願意冒著別人評價的風險只是想讓他被記得？這對你有什麼意義嗎？」

「別人怎麼看我我覺得還好，我的孩子被記得更重要。**一個人來到世界，不管短長，他都需要被記得**。今年我哥哥有個朋友突然車禍過世了，那時我就在想一個生命就這麼平白消逝了，如果沒有人記住他，那不是很可惜嗎？一個人出生一定要有人記得他，不管他生命有多長……」

我懂。我只是不懂，年紀輕輕的她就已經懂了這件事。

我的眼眶微濕，「被記得」三個字很清晰的印在我的腦海中，中年的我愈發渴望著透過各種不同的方式被記得，被記得曾經來過一遭、被記得曾經活過，是生命之所以為生命的重大標記。

重新省思「責任」的意義

卓芳主動提到了：「在整個過程裡，我最困惑的是什麼是負責任？我一個很信任的好友跟我說，想玩就要負責。生與不生都是一個選擇，每個選擇都必須負責。也有許多人生了孩子卻無法好好照顧，這樣是好事嗎？而我好好的反省整個過程，知道現在的我不能承擔養孩子的責任所以不生，我也透過這個方式為我的生命負責呀。」

卓芳清楚的敘說著自己的省思歷程。

「五個月了，現在的你還會覺得悲傷嗎？」我往下探問。

「嗯……用遺憾會比較適合，因為我不能把他生下來。不過這是我的選擇，要選擇大學生活還是孩子，就會有所犧牲。」唉，人生的重大抉擇往往無法求全，只有取捨。

「我記得你在作業時提到，你要把這個孩子生回來，這指的是？你不是說以後想再生一個孩子……」

「等我有辦法的時候，我想再生一個孩子。我希望他可以用某種形式回到我的下一個孩子身上。」

對話在擁抱中結束，臨行前，卓芳說了，

「如果我的故事可以讓一些在悲傷中的人有不同的看法，我會覺得很開心。」

卸下標籤進入多元的故事樣貌

沒有女人願意墮胎，然而當懷孕一旦發生，什麼時機承擔、能否承擔生養孩子的責任對每個人都有不同的脈絡與考量，很難輕易下個「不負責任」的判斷。卸下了對墮胎慣有的「悲情」、「不負責任」的標籤後，才有機會聽到一個遠比墮胎更豐富而多元的故事樣貌。

卓芳選擇透過書寫與分享重新面對這段傷痛的墮胎故事，給了自己一個重新詮釋對生命負責的機會。負責不再只有把孩子生下來這個單一樣貌，對她來說，她和男友給了負責另一種在她們的年紀可以承受的新詮釋。負責對她們來說，是給未出世的孩子一個在愛裡祝福與告別的儀式、是一個以後把孩子生回來的決心。

面對傷痛，與其遺忘，不如給自己一個重新敘說的機會，在敘說中重新釐清自己、重新為自己的故事創造新的意義。

04

「給帶著羞怯勇敢走出來的你」

躲在門後的小女孩

約莫四、五歲時，留著妹妹頭的我，在台中東勢大伯家裡，躲在門後探出頭來用怯生生的好奇眼神張望著客廳裡的大人們，全然被他們喧嘩的交談、舉止所吸引，很想了解那個大人的世界有著什麼，但是卻又擔心害怕不敢走向前……。這麼多年了，這個畫面不時還會浮現在我的腦海裡，面對人群，我經常還是那個躲在門後探頭張望的小女孩。

這個圖像隨著我愈來愈往內探索又再度湧現，我很想探詢它對我的意義。特地到台南接受諮商，我想了解躲在門後頭的小女孩，心裡到底在怕著什麼？為什麼想走進人群卻又這麼的不安？小女孩又為何那麼渴望進入人群裡呢？

好辛苦、真的好辛苦

與諮商師一聊起這個話題，聊到小女孩從門後把自己帶到前面來，我重複的說著「很辛苦、真的很辛苦」，一邊說著淚水就滑落了，好心疼每回從門後出來走進人群的小女孩。辛苦的是一邊走、一邊要對抗著許多許多不同的聲音、特別是來自媽媽的聲音：

這樣不好、那樣不行、不要做這個、不行做那個……。

媽媽常掛在嘴上的「見笑」（丟臉），這樣的聲音宏亮的在我的耳邊回響。明明離開了媽媽這麼久呀，許多關於「見笑」的評價其實還沒真的離開。

但是，我從小就隱隱約約了解我很渴望做自己，門後的小女孩每次都想靠著自己的勇敢與力量打開房門走出來。高中的時候，我很篤定填志願不能填家鄉高雄的任何大學，一定要到台北念書。很幸運的，聯考放榜後我終於可以遠遠離家到台北了。因為外頭的世界太多采多姿，大學四年即便寒暑假，我最多兩個星期留在家裡，那是個混亂、辛苦，卻自由而美好的四年。小女孩儘管步伐不太穩，還是很努力的從門後　步步的走出來，沒有媽媽在旁邊，開始走出自己的樣子。

再辛苦也無法忽略走出來的渴望

大學四年很少回家，心裡對爸媽有些愧疚，畢業後決定回高雄實習一年。那一年，媽媽太關注我的言行舉止，我感覺到自己無法舒展的沉重壓力，我暗暗下決定以後要和家裡保持距離、以策安全。實習後賠公費離開國中、再度北上念研究所、談戀愛結婚、出國留學、離婚等等人生重大決定，媽媽都不贊同。躲在門後的小女孩雖然很害怕，但是她無法忽略自己走出來的渴望，堅持著繼續用自己的方式走入人群。

透過諮商師細膩的引導，讓我看見自己這些年的努力，不過是要讓內心的小女孩找到自由與力量罷了。我很欣慰，原來，小女孩不只害羞不安、同時內在還有著勇敢找回自我的力量。

找回與媽媽的連結

故事順著提問一層一層的剝落，意外的我發現媽媽不只是個嘮叨阻礙我自由發展的媽媽，其實她對我的束縛只有在身體、日常行為舉止而已，面對我人生幾回的重大決定，她儘管傷心憂慮，但是從未出手阻止、也不嘮叨什麼，只是默默照顧我，繼續用她深厚的愛包覆我。認出了這一點，對媽媽的感激才真真切切的進入了心底。

諮商師好奇地探問我，「小女孩為什麼那麼想走入人群呀？這個渴望跟媽媽有關嗎？」回想起來，與人連結找到愛一直是我人生最大的意義，而這個進入人群的渴望，我發現其實也是媽媽的渴望。過往的我只看到她在親戚朋友之間串門子聊八卦，進行各種社交活動，並不了解這其實是媽媽的成長資源有限，沒有機會透過某一種職業實踐她熱心助人的個性。現在，我的生涯之路繞了一圈成為大學老師後，驚訝的發現我實踐的不只是自己的、同時也是媽媽的夢想。

發現自己成為老師的意義

原來，我成為老師的背後深深牽動著一個童年的意象。

而當門後的小女孩可以憑著自己的力量一次次的走到前頭，我渴望著帶領跟我一樣躲在門後頭的害羞小女孩、小男孩勇敢走出來，幫助他們成為自己；我期待著有更多的小女孩、小男孩用他們勇敢走出來的故事激勵我成為我自己。

原來呀，這就是老師這個角色對我最大的意義了。

慢慢的天賦
——找到做自己的平衡點

大一看到慢慢，只能說驚豔！

倒不是她的外型特別亮麗，而是她輕輕柔柔的語調與走路、思考、表達都慢了一拍的節奏。在這個快速運轉的時代裡，慢早成了奢侈，可是不知怎地，一靠近她，急性子的我就會不自覺地多生出一點緩慢與從容。所以從大一起，我就把她歸為療癒系的女孩。

療癒系女孩

二〇一四年起，我開始在課堂上推廣「狂野寫作」後，每回都很期待慢慢的書寫。往往她也是下課後還繼續書寫、多留一會的那一個，有時她會抬起頭用甜甜的聲音慢慢的說，「阿媚，抱歉等我一下喔！」沒關係，我知道她的用心，多等一會可以等到慢慢的心情故事，其實很值得。

她的書寫很獨特，幾乎都沒有故事情節，但是卻有著詩意的、療癒的語言：

「悲傷真實的難以呼吸，我們終究會失去，深深淺淺，疏疏密密……」面對慢慢的書寫，我無法多給什麼，也不須多問什麼，我只需讚嘆。她可以透過書寫慢慢給自己療癒的力量，只要給她書寫的空間，就夠了。

大三之後，我發現慢慢積極主動的另一面，從聯誼、到社團、到校內外的各種活動，她都主動去挑戰參與。關於「適不適合成為一個老師」這件事，她就主動去找尋各種課輔機會磨練自己，還利用暑假期間去小學見習，她所投入的各項努力，都在探索著自己是否可以成為一個好老師。

漸漸地，我也發現她的造型不一樣了，會劃出粗粗的一字眉，穿起簡單寬大的罩衫、有時配上毛帽，遇見她時眼神仍是亮閃閃的，親切地笑著，整個人像是從森林裡出現的小精靈一般。校園裡偶遇慢慢，我會下意識的用深呼吸讓自己慢一點，試著慢慢地把慢慢抱入懷中，靜靜享受彼此的關懷與溫柔。

失落了快樂的慢慢

大學畢業後進入小學進行半年實習。有一回她說，想跟我聊聊關於自己身體的騷動。身體的騷動？哇，關於情欲的議題嗎？我超好奇的，我說，「來我研究室聊聊吧，比較安靜與安全。」

星期天上午九點，她來到我的研究室，帶著笑容，一件寬大的洋裝長到膝蓋下，整身黑白的色調裡加上了芥末黃的襪子，頭髮在後頭綁成了一個小髻，超級可愛的獨特模樣，忍不住上前抱了她。

好久不見的想念呀！

我問起要聊些什麼情欲話題？她大笑說不是啦，真的是誤解。我個性太過實際，把詩意的語言曲解成身體內欲望的波動了。好吧，那就聊聊妳自己定義的身體騷動……。

「嗯……我的心裡有許多聲音，這些都會影響我的身體，讓我的身體很疲憊。我一直在想自己適不適合當老師？以前我不清楚，但是我就是不斷找機會磨練，可是實習之後，適不適合這件事又逐漸跑了出來，有時跟朋友聚會聊聊、有時也會挪個時間獨處沉澱一下思緒，但是這個聲音會不斷地跑出來攪擾我……」

適不適合？我不清楚她對這個詞的詮釋是什麼？

「要不要說說，對妳來說什麼是適合？」

慢慢微微一笑，彷彿有些不好意思：

「我的定義好像很奇怪，就是快不快樂？」

最直接的理解其實就是最貼近的理解。我清楚此刻來找我的慢慢最近並不快樂。

「我想念大一的我，那時候坐在後頭看老師在前面上課，我會努力學習，也會思考怎麼做會比較好？那時候的我充滿好奇與學習的熱情，大三大四去參加課輔工作，我也很努力，好像去實習之後都不一樣了。甚至愈努力，我覺得愈貧乏。以前我可以單純的享受和孩子的互動，也可以很認真地傾聽孩子，但是現在的我卻變得有些不耐煩，跟孩子講話，心裡卻在想著下一堂課的簡報、還有活動……」

慢慢拉出了兩幅過往的和現在的圖像，那個過往單純、熱情而好奇的自我圖像對比著現在充滿焦慮、懷疑與自責的模樣，慢慢有著深刻的失落。

我想幫助慢慢釐清現在和以往有什麼差別嗎？最明顯的是以前是短短兩三個小時的課輔，現在實習之後是整天待在學校裡的差異嗎？

慢慢搖搖頭：「其實一個月後我就很習慣整天待在學校的工作了。應該是說學校裡有太多現實層面的東西，我有時感覺自己手腳被綁住了無法掙脫……」

慢慢會用生動的譬喻來形容自己的處境，讓我可以深刻理解她覺得被綑綁的束縛感。

「妳要不要多說一些學校裡的現實是什麼？」

「我實習的時候遇到的指導老師人很好，不論我上台講課、還是改作業，她都會給我回饋，我很感謝她。但她是個急驚風，做事效率很快。記得之前有份作業我沒改完，我想明天一大早到學校去改，但是老師已經主動幫我改完了，我真的很不想因為我動作慢，影響別人。我記得印象最深刻的是，老師託我做班級布置，我仔細地構思，老師也不敢問我，到了期限前的一個禮拜，老師終於問了我的進度，她提醒我不用花這麼多精神，有做就好了，但是我還是想要認真完成，我每天做到晚上六點多才回家，我真的很努力在做，就是動作比較慢……老師曾經對我說，我做事不循比較快的直線，往往要繞個大彎才完成。不過我最後有在期限之前完成喔，還得了獎呢！」

慢慢說到最後，才流露出喜悅的笑容。

慢慢很良善，深怕自己的慢妨害了別人，聽著聽著，我覺得很好奇：

「慢慢，如果沒有這些其他人說快一點的聲音，你怎麼看待自己？」

「如果我可以用我的速度前進我覺得ＯＫ，我不會覺得弄很久，我也會在期限前完成，教學進度我也不會耽誤，也不會誤了其他事情。不過別人出於善意常常會催我快一點、或是叫我不用這麼認真……」

慢慢很清楚自己的節奏雖然和別人不一樣，但是她並不會影響到工作，只是旁人無法理解她的節奏與做事方式，更深的裡頭，或許有著不被理解的孤單。

渴求被尊重與被接納

「我也在懷疑自己，我的教學除了有趣之外，能不能有效率一點？」

「效率？你指的是？」我好奇的發問。

「就是可以讓孩子學到什麼，不管是品格還是孩子在這個年級基本的學科能力。」

慢慢不但從批改作業、班級布置質疑自己的速度，在教學這件事上還質疑自己的能力。從別人善意的催促中，慢慢開始懷疑自己的獨特性是不是有價值？自己是否造成對別人的困擾？可是，我感覺到這些自我懷疑的聲音裡，其實還夾雜著慢慢渴求被尊重與被接納的小小吶喊⋯⋯。

「慢慢，我一直很喜歡你的慢。讓我這個急性子可以隨著你慢下來，慢是你的天賦，你要好好珍惜！」

天賦？聽到這個詞，慢慢整個笑的很不可思議。

我很肯定，全無懷疑。

我問了：

「你的慢對於孩子來說，有什麼特點？」我想讓她自己說出自己的優勢。

「嗯⋯⋯我對孩子比較有耐心，如果不會的題目我會一而再、再而三的解釋。」這的確是許多動作快的老師做不到的大優點呀。

我試著回應：

「在工作中到處充滿了別人的眼光，我感覺妳渴求一個有更多自主性的環境，可以讓自己有更多的伸展空間……」

慢慢點點頭：

「我想去偏遠地區教書，除了想要陪伴那些缺乏陪伴的孩子成長，最重要的是，我想在班級人數少、老師少的狀況下，雖然老師工作量重，甚至要兼行政工作，但是我覺得自己可以擁有比較多的自主權……」

慢慢不介意工作量重，她渴求的是不被束縛、可以自由伸展的空間！

為自己爭取自主空間

我不確定是否在偏遠地區教書會有更多的自主權，但是我很篤定自主權首先來自於自己的表達與爭取：

「慢慢，你曾經爭取過自己的自主權嗎？」或許是「爭取」這個詞對慢慢太激烈了，她一時想不到。

我回想起在大四實習的那段期間曾經看過她的教學，我欣賞她教材準備的充分與活動設計的精采，最讓我印象深刻的是，整場教學她幾乎都是前傾的姿態，一邊點小朋友回答問題，一邊走到小朋友旁邊低下身子聆聽孩子的回答，不斷看到她來回走動到不同小朋友面前，還努力地給幾個平日不受重視的孩子表現機會，我很讚佩她對孩子的愛，卻有些心疼那很少挺直的腰桿。還記得，最後課堂結束後稱讚了她的教學，她卻帶著遺憾說，「我沒有在上課時關注到『每一個』孩子！」我心疼地請她把自我期待調整成盡力關切「大多數」孩子，沒有說出口的是「放過自己吧，妳已經夠好了！」

我娓娓敘說這段對她的印象，慢慢驚奇的看著我，又是不可思議的表情！

「對我來說，一個老師要能傾聽與同理孩子，一個老師還要學著理直氣和表達自己的需求與狀態。其實這樣的表達，就是為自己爭取自主權了……」

「現在的你主管的不只是學生，還有整個班級的教學與經營。你有權表達自己的需求，你大可以對孩子說，我要先準備下一堂課的簡報，準備完後有時間我可以好好聽你說話。這樣的你除了顧及到孩子，也顧及你自己的需求。」

慢慢點點頭，似乎了解了「原來我可以這麼做的」。

「不只是對學生、對你的朋友、老師，都可以表達自己的需求與狀態，以妳既有的溫柔姿態，堅定的表達妳想要的尊重。」

臨行前，我倆一起走到電梯口，慢慢說起：「我很希望被別人看到我的獨特與不一樣，我不是只有溫暖隨和的一面，我也希望別人注意到我有原則、有個性。」我突然了解這一年多來，慢慢穿著的轉變很大，她逐漸轉變成一個有獨特穿衣風格的女孩，眉毛也化成粗粗的一字眉，遠遠的從外型、眉型就辨識出來，慢慢想為自己閃閃發亮！

「喜歡現在的自己」是評價自我轉變的唯一判準

畢業後幾年，我們有緣再度相會了。在擁抱之後，我忍不住好想聽聽慢慢的故事。不等我開口，慢慢就娓娓描述自己的一切，第一個感覺是，她的語速變快了！

她果然如願到偏遠地區教書了，那是她很願意全心投入的工作環境。一班十來個小朋友，在許多雜事太多、偏偏孩子一個個湧上要跟她說話的時刻，她會堅定地對孩子說，「老師在忙，你們要等我喔！」在學校主管只想到要把行政工作給新任老師時，她會溫柔而堅定地婉拒；在教學與行政的各項忙碌中，她終於體會凡事無法完美只能盡力而為，點點滴滴的描述裡，我看到她逐漸在時間的歷程裡發現做自己的可能性。

慢慢說完自己好多的故事後，她也好奇的關切我的近況，耐著心聆聽屬於我的故事。

「阿媚！我知道妳一定會說我怎麼變快了？妳怎麼看待這樣的我？我很希望得到妳的回饋……」

我試著回應：

「我第一個感覺是有點失落，那個總是可以提醒我慢一點的療癒系女孩不見了。然而，我很快意識到妳就是妳，妳有妳的轉變。妳可以更坦然表達自己，也依然可以耐心聆聽，在擁抱裡我仍然感覺到從容與愛，妳的確節奏快了一些，但是那個溫暖而尊重別人的部分一樣沒變。

最重要的是，妳喜歡現在的自己嗎？」

慢慢堅定的回答：「我喜歡。可以更快的說出自己我覺得很不錯，但是我仍然想保有當初的自己，那個想要傳遞溫暖與愛、喜歡一個人書寫與思考的獨特自我。」

在成為自己的歷程裡，我們總是不斷在相信與懷疑之間擺盪、不斷在不變與改變之間擺盪。這樣來來回回的擺盪很是艱難，然而我們終究會找到自己要的平衡。雖然慢慢不再是我想像中的慢慢，但是她喜歡現在的自己，這就夠了，因為這是評價自我轉變的唯一判準。

不查地圖的安柏
——以挑戰恐懼維生的女孩

晚上，我想出去走走，順便到超市採買東西，再去公園散散步。正在超市裡猶豫著到底要不要買收納包，突然播音系統裡悠悠傳出林宥嘉的歌聲——「孤獨到底讓我昏迷」，心裡突然某個東西被勾動了，淚，順流而下。

淚水裡堆疊的不安

拿了東西到櫃台結帳後，走到車上第一件事是先找出這首歌，原來是〈殘酷月光〉。一路到公園的路上，不斷的不斷的聽著，不斷的掉淚。淚水既然啟動，也就很難收拾，散步的時候也就任憑淚水流洩。

我想，這麼多的淚水，是關於一個重要的提問，

「阿媚，怎麼妳會想在一切安穩後挑戰一個心靈工作者的夢想呢？」

好不容易，離婚多年後已經可以把工作、自己和孩子都安頓得很好，一切都這麼的熟悉而順手，可是我又抵不住自己心裡另一個愈

來愈強大的渴望，那就是成為一位心靈工作者，透過出書與演講分享自我探索與心靈成長的經驗。

一條我不熟悉的路、一條我無可掌握的路、一條我得一路披荊斬棘的路。

我很慌。人生都五十了，我犯什麼賤？

我在大學裡教學、行政、學生輔導可以發揮的空間很多，不能就好好做我可以做的事嗎？以前的夢想，我都是憑著自己所能掌握的成績優勢走過來。不論考大學、後來的考碩、博班、公費留考，寫論文、做研究升等這些主要都靠著成績的優勢，這是在體制內辛苦、卻是我習慣的一條路。

可是，這次是另一條全新的道路。我不想繼續依靠我熟悉的考試與成績來競爭，而是想不務正業的出一本心靈書籍，我的前方未知性與不可掌握度更大。出書是否會歷經波折？真的會有更多的演講邀約、讓更多的人因為我的書而獲益？會有更多人被我影響、喜歡我嗎？

我很慌。

淚水裡，原來有著這麼多堆疊的不安。

回到家裡打開了臉書私訊，突然跳出了程安柏的訊息，一個幾年前上過我通識課的女孩。

她跟我分享一段自製短片，標題是「以挑戰恐懼維生的女孩」，我忍不住又哭了。她用活潑的影像敘說她大學四年的生活，這四年裡所做的挑戰與嘗試，有的滿意，有的挫敗，無論如何就是豐富的大學回憶。看完這部短片，我邊哭邊吶喊著，感覺身上回流了許多的勇氣。

短片怎麼來得這麼及時？好久以前，我隨口詢問大四的她如何看待自己過往四年的生活？幾個月後她突然以一個自製短片回應了我這個提問。

更妙的是，另一個私訊跳出，是一個邀約我演講的諮商師主動為我想了一個演講主題「那些大學生教我的事」。太不可思議了，安柏彷彿特地是為了此刻脆弱不安的我而現身，而諮商師的講題巧妙的為我與安柏的相遇下了最貼切的註解。我只能感謝這些美好的偶然碰撞在一起的豐盛。

「安柏，妳畢業前再來找我，我特別想聽聽妳的故事。」

「好呀，我很樂意。我後來才意識到我喜歡往自己害怕的地方走，不太喜歡安定平淡的人生吧」。

這讓我更好奇她了。

對，我就是死不查地圖

不過，要等到許多忙碌過去，會面已經是幾個月後的事了。

「安柏，我想先聽聽妳在大學裡印象最深刻的回憶？」這是幾句招呼後我蹦出的第一個問題。

「大一下學期的時候，印象最深刻的是有一天下午和一個室友一起騎車去學校附近的清水公園。我大概查了google瞭解方向後就出發了，十二公里沒什麼，我們騎著一般的腳踏車過去。結果很吃力地花了比預期更久的時間才到了公園。回程的時候，我不想走一樣的路，但是沒想到一路都很荒涼，天色愈來愈暗，我們兩個都很累，還經過墓園，一直找路好不容易才回到學校。因為有生命危險，所以我們兩個感情變很好。大一印象最深刻的反而是這件事情，不是什麼迎新宿營、校慶跳啦啦隊……」

我腦中閃過「幹嘛不好好跟著地圖安全找路回家？」的疑問。還不等我發問，安柏接著說：

「後來我跟媽媽說這件事，我媽一點都不驚訝。她說妳從小愛亂騎腳踏車，到處去玩騎不回來，就慢慢找路回來。」

喔，原來這就是安柏。

「對，我就是死不查地圖。」她哈哈大笑。

「不想查地圖，那怎麼找路？」我這個宅女兼路癡很認真地探問著。

「出門前先大概看一下地圖，然後路上就看路標、問路人，順著感覺走。」

「你沒有從中學到教訓嗎？譬如說下一次要有更精確的規劃？」我還認真的有點替她擔心。

「喔，除非是面試之類很重要的事就會好好查，其他時候出門就順著感覺走。」

喔，我白擔心了，安柏自己會區分輕重緩急決定要不要查地圖。

宅女如我對於找路始終覺得麻煩，對安柏來說一定有其他什麼吸引她想這麼做吧。

「對你來說，找路的樂趣在哪裡？」

「可能是我爸從小就喜歡帶我們出去玩吧，我很愛很愛往外跑……跑錯路沒關係，心裡只要想著一定要回到家就好。」

安柏從小被爸爸不斷帶出去玩的經驗，創造了她勇於在不同空間裡穿梭冒險的個性。

意外發現的美好風景

安柏說起了自己打工做披薩外送的經驗：

「我曾經在披薩店打工，我跟店長說外送都給我。每趟不但可以多五元，還可以沿途看風景。」

哇，這麼有目的的外送。

「我還記得有次是工業區叫外送。那是個下雨天，路程超級遠，我又是個大路癡，照他們的意思走到那裡還是迷路，超生氣。好不容易送到已經耗了一個小時，對方很生氣等這麼久，還臭罵了我一頓。」

這麼個超級大路癡，出門不按地圖走只喜歡看地標和問路，老是迷路、又愛走新路，真是死性不改，我還要繼續挖一挖。

「等一下，妳身上那個憨膽是從哪來的？妳迷路會緊張嗎？」

「會呀！一迷路馬上會跳出「幹！」，不過，我相信一定找的到路的。」

我感覺這個「幹」不是為了宣洩憤怒，而是對自己的嘲諷，其實更深的是，對自己的接納。

一邊做披薩外送，安柏一邊還參加了AIESEC這個我很陌生的組織。仔細查詢才模糊的知道這是一個跨國的學生組織，要培養青年對跨文化的理解、世界公民意識、問題解決及激勵他人等領導特質，我只能從安柏的敘說嘗試去捕捉一點具體的東西，只知道參加這組織必須要跟同組的夥伴一起發想與完成一個跨文化的案子。

「我那時要跟夥伴做個專案。有一次送披薩的時候，看到上林社區裡有許多老人在池邊聊天，我突然有靈感或許可以幫他們做些什麼，我直接和他們的理事長聯絡，了解他們想要復甦這個地區日治時期的歷史，後來我媒合了一個日本大學生來幫忙社區做日文翻譯，除了翻譯文件外，社區的人會帶著她搓粉圓、跑馬拉松、她也陪著社區小孩學日文、跟老人家們說笑，一直到現在兩方還保持著連絡，這次的媒合，讓這個老社區對世界開了一扇門願意迎接外國朋友，好開心這位日本研習生為社區帶來了不同的生命力。」

外送迷路被臭罵沒有嚇退安柏，她繼續透過外送在大街小巷裡找尋陌生的美好風景，就這樣發現了做跨文化專案的靈感，媒合了一個美好的故事。

在工作與活動裡為自己開拓學習主場

我曾經在一個大型連鎖餐廳看過安柏當服務生，我好奇四年來她做過幾份工作？

「四個吧，平均一個半年。」

「嘉義沒有太多選擇，所以我都做服務業。我離職後，科長還跟店長說，我走了很可惜。」

安柏課業超繁重，但是打工從大一開始都沒斷過。

「我喜歡到處跑把自己累死，很少待在家裡。打工是賺錢也是累積經驗，純賺錢太累了……」

安柏做披薩外送不只是賺錢，也是想多跑跑看看不同風景，後來去不同的大型連鎖餐廳，是想了解大公司的規模制度，因為想練習燒烤技能，最後到一家燒肉餐廳，安柏為每次的打工賦予了自己的意義。

說了這麼多都沒談到學業，我想知道這麼一個花時間在打工、參加活動的安柏，如何看待課業、打工與活動之間的平衡呢？

「哈，我成績不太好。如果我的大學生活是十的份量，課業、工作、活動大概就是一比六比三吧！上一些有興趣的課我很認真，但是讀那些很理論的書我覺得什麼都停住了，世界都在考完試之後才開始運轉。在大學裡反而打工、課外活動我會更有動力，甚至覺得人生因此才有了色彩。」

安柏或許代表的是許多大學生的心態吧，學習的主場域不在課業，反倒是課業以外的工作與活動。

追夢人

大四的安柏說起自己已經應徵了外商公司的工作，正在等回復。這麼一個不按牌理出牌的人對於未來有什麼想法，我想了解。

「每天的工作都有挑戰，薪資只要可以養活自己就好，我爸媽在這方面沒有特別的要求。」因為我處在教育圈，我們都追求一份薪資、職位與工作穩定的工作。安柏顯然有不同的想法，她要的是一個每天都有挑戰的工作。

「我沒辦法每天做一樣的事情。我曾經嘗試想做華語教學，覺得可以到國外教學也不錯，不過每天做一樣的教學工作，那樣的穩定我太不喜歡，所以後來就放棄這條路。」

突然，她靈光一閃：

「老師，妳有聽過clubmed嗎？其實，我很想做旅遊的工作，在一個很多小島的度假村裡當導遊。導遊可以幫你導覽、幫你辦宴會活動，每天接觸不同國家的人，半年就會在全世界的小島轉換。從高中開始我就有這樣的想法，不知道會不會太狂？」

安柏突然變得有點羞怯，擔心自己的夢想太大。我第一次聽到這個特別的工作，完全不清楚這種工作的門檻與機會在哪？但是我對安柏有信心：

「這樣的夢是不是狂我不知道，但是我確信妳會一步一步靠近妳的夢。」

不過，現在在等工作消息的安柏是很焦慮的：

「我心裡很急在等待應徵的結果。大學同學都說我是個勇敢追夢的人，可是我還不清楚自己的夢是什麼？」

等結果當然焦慮，但是更焦慮的是，不清楚自己真正想要的是什麼？

我想像那個喜歡穿梭在不同空間，就算風景不一定美麗，但是始終不想停下來的安柏。**安柏一路以來所憑藉的不是走向終點的渴望，而是繼續不斷往害怕走去的那股熱力**。我來提個問題，讓她想想自己要什麼：

「嗨！你覺得什麼叫做程安柏？」

「就是堅持著朝自己要的方向前進！」

「這幾年妳過的是自己想要的生活、做自己想要的事情。雖然明確的終點尚未出現，但是程安柏一直是程安柏，這是最值得引以為傲的！」

這是我唯一的回應了，希望可以在安柏心裡的陰暗處照出一點點暖光。

夢想路上的夥伴

隔了一陣子，安柏傳來私訊：

「我應徵上一間做各種運動品牌服飾的公司，要到柬埔寨擔任儲備幹部。不敢相信我的第一份正式工作是在柬埔寨，但是又覺得這是程安柏會做的事情，可以說是活了二十三年最大的一場冒險，期待但不怕受傷害，我準備好接受挑戰了！」

果然是程安柏，永遠不想學乖、帶著緊張興奮胡亂闖蕩迎接迷路的女孩。我相信這裡是女孩成為程安柏的重要中繼站。

安柏：「現在的生活步調其實很亂，帶我的人也來來去去，還沒找到工作的節奏。但是這樣挑戰的每一天讓這些用力生活的每一刻都很值得。」

我：「好喜歡這麼勇敢又充滿鬥志的妳！妳正在創造屬於妳的精采人生！」

安柏：「老師，我很期待妳的書，妳也朝著自己喜歡的方向前進呢！」

這一刻，我們不是師生，我們是彼此夢想路上相互打氣的，夥伴。

這些大學生教我的事

這些年有機會親近一些學生的故事，我屢屢發現不是我給出了溫暖與力量，在某些脆弱不安的時刻，反倒是學生一次又一次的透過她們的勇氣滋養了我。

身為老師的我或許擁有一些專業權威，但是回歸到人的位置，同樣和學生有著自己的夢想、有著擔憂抓不到夢想的焦慮，這時，相互坦誠脆弱、彼此支持鼓勵，我們就都多了一分力氣，再度昂首，往前。

05

給在社會風暴下騷動不安的你

我從憤怒的青春看見你

我很乖

我很乖，從小就是。

從小，我是老么又是女兒，爸爸特別疼我，周末假日去哪裡都帶著我，不是到書店，就是參加黨外政治集會。小小的我擠在有點混亂的人群裡，不清楚上面在說什麼，我只感覺到當「國民黨」這個關鍵字出現時台下群眾就會陷入一片高亢。回到家裡，爸爸會趁著我倆在客廳裡看電視時，告訴我一個又一個不公不義的政治事件；在黨外雜誌蓬勃發展的年代，爸爸會到書店偷偷購買，邊看雜誌、邊訴說著那些跟選舉、買票、貪汙、特權習習相關的汙濁政治結構。大哥、二哥常不在家，跑不掉的我只好在旁邊用一隻耳朵聽著，感受著爸爸言語、身體的激昂、心裡不懂爸爸為何要那樣的憤怒？不能好好的開心過日子嗎？爸爸說的和學校說的都不一樣，應該不會是真的吧？困惑不時在心裡閃過。但是我最關注的還是我的生活，那些關於誰跟誰好、誰跟誰吵架、這次誰第幾名瑣碎卻又對我無比重要的小世界。

一九七九年發生美麗島事件。那時的爸爸激憤莫名，在紙條上寫下了作家陳若曦評論的八個字「未暴先鎮、鎮而後暴」，老爸拿著紙條給我看、激動地批判國民黨對台灣民主人士的強烈鎮壓。進入軍法審判庭後，爸爸仔細追蹤著軍法審判的每一個字句、把每天中國時報上全文刊載的審判內容留下，一張一張摺的方方正正如豆腐乾一般，忘不了的是他摺疊著當時的報紙，慎重地跟我說，「這些都會是歷史！」。

其實，我只擔心這麼生氣的爸爸血壓會飆高，不斷回應爸爸，「別生氣了啦！對身體不好。」爸爸的憤怒離我遠遠的，對我來說，更多意味著破壞和諧的負面能量。

一九八四年，我高一，解嚴之前眾聲喧嘩的時刻。

不管教官的殷殷勸說我還是沒有加入國民黨，而在軍訓課的例行寫作裡，我第一次寫下了對政府的批判，明明對岸是一個聯合國承認的政權，為何我們稱對岸為共匪？為何我們還秉持著漢賊不兩立的立場，拒絕和對岸交流？記得，隔天中午學校廣播傳出：「一年一班的張淑媚請到教官室來！！」我狐疑的到了教官室，向很親切的教官邀請我坐下來，以一個媽媽般的角色，親切的提醒我共匪的邪惡本質以及政府的良善立意。我向來不喜歡與人爭辯當然也沒出口反駁，只是一個多小時後帶著困惑與憤怒走出了教官室。最大的憤怒是，為什麼我不能寫出心裡話？然而初萌芽的憤怒很快淹沒在升學與人際關係的忙碌中。上了大學後，突然從升學壓力下解禁，生活中的聯誼、課業、玩樂與活動，早讓生活變的很壅塞，似乎也擠不下其他新可能了。

一瞬間，顛覆了我二十年的安逸世界

所有的改變，都是相互牽連的。

一九八九年，我大三。這一年我和好友如玲從宿舍搬了出來，拉遠了與一群好友的距離，多了一個人活動的空間。

四月開始，天安門廣場發起了中國學生追求民主的運動。

本來我也沒特別關注政治，不知怎地，一群中國大學生不上課跑到廣場上抗議的動作卻吸引了我，不由得好奇與敬佩。六月三號夜晚，紀念堂發起了聲援對岸中國民主的活動，我一個人，衝了過去。坐在紀念堂前的廣場上，我們熱情而安靜的一起聲援對岸的大學生，時間在短講、歌聲與口號之間流動，心情在祥和卻又奔騰的熱血氛圍中澎湃著。凌晨過後，主持人突然說起坦克車開進天安門廣場進行鎮壓了，許多學生來不及逃亡，命喪輪下。

一瞬間，顛覆了我二十年的安逸世界。

回來後我的腦袋一片空白，我不知我可以做什麼、應該做什麼，也不知該找人說什麼。

整整三天我吃不下任何東西，我開始睥睨我四周的朋友、我的學校，一整個的憤世忌俗，什麼「溫柔敦厚」的系風、「誠正勤樸」的校訓對我都是嘲諷，我更看不起自己，當有些年輕人為社會的民主化犧牲了自己的生命，而我大多時間卻為了誰喜歡我、誰又不喜歡我這種小情小愛在煩心，很少探頭出來看看這個社會的一切，我是誰？往前眺望的我又要追尋什麼意義？悲憤與抑鬱充塞我的全身。

當時沒有網路這個表達意見的管道，為了因應解嚴後大家表達公共意見的需求，大學宿舍外開闢了民主牆，可以在上頭表達各種對公共議題的想法。我連夜寫了一大張海報寫了我對六四的看法，一早帶著憤怒貼在民主牆上，也不知道是期待同伴的回應或只是在發洩自我情緒？面對六四之後一波又一波興起的聲援運動，我也不再想去，只覺得這些經由政府大力炒作的聲援令人作噁。我不知道下一步何去何從？如果走出了友誼的小世界，那應該又如何去對抗陰暗的社會呢？這個問題太巨大，我逐漸多了一個人吃飯、一個人去上課的時間，我想一個人慢慢沉澱，一個人慢慢去摸索。

一九九〇年，我大四。三月，興起了野百合學運。

為了跟一群大學生一起抗議萬年國代，我再度走進了中正紀念堂，在師大這一區裡跟著我不認識的師大人一起靜坐，心裡升起那種「我們一起」的熱情。沒想到，這一代的我可以以行動表達對台灣政治發展的不滿，我想跟其他年輕人一起集結力量，推動台灣的政治改革。到了深夜，心緒千迴百轉的我無法入眠，跟著來自其他師院的陌生同學徹夜長談，聊的是對保守師範院校的不滿、心裡對改革充滿熱切期待。

當時，全身火熱的我不懂許多大學生的冷漠。我不懂當中正紀念堂上這麼多學生放棄學業前來捍衛民主價值的時候，怎麼有許多人繼續過著日常生活、繼續做著那些生活裡微不足道的小事？不義的巨獸如此龐大，又怎麼能放任自己若無其事？心頭滿是憤怒與不解。因著理念，熟悉的朋友突然變得陌生、陌生的學生突然變得親近，我著實無法調適這種種的矛盾。

這場靜坐抗議只有短短的六天，我們迅速得到李登輝總統的回應，不久後召開了國是會議，隔年就廢除了《動員戡亂時期臨時條款》，結束了萬年國會，台灣的民主化進入新的階段。這是台灣首次這麼大規模的學生運動，而且把台灣的民主化往前推了一大步。我深深慶幸自己參與在其中，但是心頭卻也留下了更多的困惑與質疑：

為何仍有許多人對社會漠不關心？

參加學運、站上街頭是改變社會的唯一管道嗎？

參與者之間的爭執與分裂是否會玷污理想與正義的追求？

我所了解的是那麼少，知識與熱血的平衡到底要如何取得？

二十歲的我無法面對憤怒帶來的一波波衝擊，也無法解答熱血迸發的種種混亂，我決定暫時從運動場撤回，回歸知識面的學習，想透過知識重新裝備自己的力量與智慧。我渴望更了解正義與自由的理念，去台大旁聽「憲法概要」、「正義論」的課程，我繼續去張老師中心學輔導、也親近新儒家、一貫道的思想，我不斷嘗試擴展我的知識版圖，想從中找到可以安身立命的解答。

不過，二十歲的我，還不知道許多生命的答案是要慢慢才能清楚的。

五十歲的我

時間的長河緩緩流過，不斷沖刷出稜角分明的心靈河岸……。

五十歲的我愈發清楚，即便我投入一場運動，我首要關注的不是鉅觀層面，更是微觀的面向。**我最關注的不是政策的翻轉，更是參與者在其中的感受、改變與成長。**

回顧過往，我對「憤怒」逐漸有了新的詮釋：

我一直是個乖巧的小女孩，習慣柔順的去適應環境，我擔心憤怒會破壞身體的健康、破壞人際與社會的和諧，憤怒一向是離我遙遠的負能量。高一被教官約談的經驗讓憤怒的種子在心底萌發了，只是有太多的事物仍覆蓋在小小的種子上頭；一九八九年天安門學運不但如同一顆爆炸彈震碎了我平靜的人生，同時也刺激了種子的成長，一九九〇年的野百合學運進一步讓憤怒變為茁壯。**憤怒一旦強大，就成了推動改變的動能。**

當年那股憤怒的能量催逼著我放下素來的羞怯，竟然一個人前往參與一場都是陌生人的大型學運，竟然驅動我一次又一次跟廣場上的陌生學生對話，竟然繼續推動著我跨出自己的校園，前往台大旁聽、到不同場域學習，回顧當年的我，竟然從憤怒之中長出了和以往迥異的思辨的、行動的、熱血的新面貌。那是我當時不自知，多年後卻萬分珍惜的一段春青記憶。

這些年，我漸漸體會到，反抗不只是上街頭遊行、在政治社會領域中發聲，也是在生活中堅持自己所要的人生方向與道路：野百合學運後，大四下的我不再走上街頭，但是在課堂上一向沉默的我，竟然顫抖地舉起右手勇敢對老師表達出對國文教學的不同意見；居然敢在演講後主動跟講師進行一兩個小時的討論；居然聯合系學會幹部一起去找教官溝通取消系上的不合理做法。我也體會到那些沒走上街頭參與運動的學生不能只用「冷漠」來概括，他們當中有許多只是用自己的方式與價值觀在連結社會。

在回眸的那一刻，我才發現在學運之後，自己身上裝備的知識與思考，點滴轉化成做自己的勇氣與智慧。

在憤怒的青春裡看見你

二〇一四年「三一八」學運的期間，突然有許多認識的、不認識的學生跟我說了在當前混亂下，他們憤怒的、無力的、悲傷的各種故事。

有些人對於周遭朋友的沉默感到深深的無力，心裡頭有著不被理解的孤獨感；有些人對於自己待在校園裡繼續生活、不能上去台北衝撞有著自責與愧疚；更有些人看到攻佔行政院的衝突畫面，覺得學運變質了，選擇退身保持距離，這裡頭有著擔憂自己的熱情被玷污的恐懼。

學運期間，幾次在台北與嘉義的發言或短講，我被台下你們那些好奇的、渴求的眼神所深深觸動，社會運動的場域不就是公民教育的講堂嗎？我為著被觸動的你而高興，為著展開思考的你而驕傲。因為你不但開啟了一條通往民主社會的思考歷程，同時也走上了一條追尋自我認同的生命道路。我已經預見未來的你充滿新的可能性！然而在當下確實是辛苦的，你不但要用理性思考服貿議題與學運的發展，也要跟自己內在的情緒戰鬥、跟既有的價值觀衝撞。

先接納自己的所有情緒，不管是憤怒、愧疚還是無助，就如實的接納自己內在的波動。情緒太強烈的話暫時關閉四方氾濫的訊息，讓自己先回歸內在的平靜安穩。

同時，試著給自己一點欣賞與肯定：

欣賞在靜坐現場裡，所有的夥伴不管認不認識在場內凝聚那一刻的美好；欣賞自己願意努力去看正反方的資訊嘗試去解惑，即使對這件服貿風波充滿困惑；欣賞自己願意關注與追蹤這件事情的發展，雖然旁邊的人沒有共鳴；欣賞自己雖然諸事忙碌，還是願意挪出時間參與行動；欣賞自己努力試圖去兼顧課業與抗議之間的需求……。

所有的自我風景都等著被梳理

曾經因憤怒而來的衝撞或許不夠成熟、理智，那又如何？所有因憤怒而啟動的外在的、內在的混亂都會慢慢冷靜下來，等待著被疏理成有層次的自我風景。當年的我在離開運動之後，回歸到不同面向的知識學習，透過消化與批判，漸漸疏整出一個更新一點的自己，我更清楚不僅在社會議題上、也在做自己這件事上我都渴望著更加勇敢。

後來離開國中教職、再度進修前往德國留學、回國任教等漫長的生命轉折，我也在人生不同階段裡，不斷在自我、社會各種議題上省思、調整自己的立場與戰鬥位置。我愈來愈清楚自己的戰場不但在大學課堂、在獨立書房、也在我投入的運動場域、在每個我可以與學生交流分享的空間裡，我都試著引導學生思考與表達，試著引導學生走在成為主體的路上。

在校園裡遇見一些參與學運的年輕人，我欣賞這些開始走出舒適圈去關心社會、帶著激昂熱血投身社會改革的行動。我好奇這些學生身上帶著什麼故事參與學運？也想了解這些年輕人從參與運動的過程中長出了什麼新養分？正如每個人的生命歷程都是獨一無二，每個年輕的運動者也發展出不同的樣貌，也因此，有了關於士勛與Molly的故事書寫。

誠摯祝福你，在社會風暴裡找到安頓自己的力量，也發展出屬於自己的戰鬥位置！

Molly的彩虹眼妝

——在性別運動裡綻放艷麗生命

Molly，在接任了學校性別社的社長職位後，找我當社團指導老師。初開學的時候，她特地來我的課堂外找我簽名，其實，我跟她有過一學期課堂的師生之緣，早就對她印象深刻。這回，她以繽紛的眼妝笑盈盈的迎向了我，開心的說，「老師簽名！」

我讚嘆著：「你的眼妝這麼特別⁈」

Molly微微笑：「這是彩虹，讓別人可以一眼就看見我！」

讓別人一眼就看見我！

萬萬沒料到，這道彩虹成了Molly後來的亮眼標誌。

我雖然從創社以來就是性別社的指導老師，不過看過了創社時期幾次社課一切順利運作後，我指導老師的身分就逐漸淪落為簽名了。我一向不管他們到底在社團做什麼，我總認為這是學生自由發揮的空間。不過，隨著二〇一六年同志婚姻合法化的運動不斷白熱化，看不慣保守團體對同志族群的汙衊，她和幹部們動作頻頻，她和學生會會長一起發表支援同志婚姻的聲明、在嘉大升起彩虹旗、擔任南區學生團體的發言人、一次次號召學生北上立法院參與聲援活動。「哇，搞這麼大！」我再也無法忽視Molly這群人的存在。我來嘉大任教十多年，沒遇過這樣的學生，偏偏又是來自相貌甜美、體型瘦小學美術的Molly，再怎麼都和憤青的形象搭不上。

風暴大起：只要沒死就好了

身為一個有過男性伴侶的半性戀者，Molly跳出來為同志發聲，為了這個瞬間的決定，沒料到往後卻承受了許多的艱難。

性別社的風暴，竟是，一波又大過一波。

起初她想在學校升彩虹旗、校方只同意以社團名義擺放旗子，但是又遭到立場不同的老師阻撓；Molly陸續邀請倡議性別平權的醫師和NGO講師前來舉辦社課，沒想到社課不斷遭受不知名人士的攻擊，除了在粉專上謾罵，也向校方投信申訴，不斷抨擊約砲、愛滋防治這些社課主題。所以，除了在台北、嘉義之間的奔波往返，推動連署、和各地的學生團體召開記者會之外，Molly還得不斷與校內單位進行溝通說明。長期有失眠問題的她，肩膀愈發顯得單薄了。

儘管局勢這麼難，但是Molly還是一肩扛起。她霸氣的說，「只要沒死就好了，還可以繼續做。」我很心疼她的不顧一切，我關切的早已經不是這場運動是不是成功了，而是Molly和性別社的幹部們是否可以好好的走過這場狂亂的風暴？

Molly很少對我訴苦，大多只是依循行政流程帶著疲憊的臉龐來找我簽名，有回，她突然冒出了一句，「老師，我會不會被退學？」

我堅定的望著她，「無論如何，絕對不會。」

我知道她很需要一句承諾，一個讓她在最慘的時候還可以托住她不再往下掉落的力量。我清楚這些家長與保守勢力的攻擊不可能導致她退學，但是如果真的發生什麼意外，我，一定會盡全力保護她。然而，我也只會在最糟的情況下出手，其他時候我不想干預、也不想介入她們的行動，見到她時我只能給出一個深深的擁抱與祝福。

奇妙的是，這些狂飆的風暴吹得她心煩意亂，幾次把她撲倒在地，不知怎地，她卻一次一次帶著淚爬起，挺直腰桿走入下一場暴風圈。

社會風暴下的家庭風暴

我總是相信那些對社運的投入，還關連到一個內在的生命議題。我太好奇了，為何Molly在性別運動上有著拚了命的付出？

Molly來自於白色恐怖受難者的家庭，阿公曾在綠島關了十幾年，他入監受壓迫的記憶從小滲透在Molly的家庭裡。學齡前在家裡不能講任何中文，否則爸爸會處罰；小時候跟爸爸去看棒球他們是全場唯一坐著沒站起來唱國歌的兩個人，小小的Molly擔心著自己的不一樣，疑惑地問爸爸，「我們不用站嗎？」，「你要站就自己站！你自己要思考。」他叫小Molly思考在公共場合唱國歌這件事，帶著小Molly去參加諸如二二八紀念、台灣獨立、反核、反拆遷等等各種社會運動、叫小Molly自己看那些八〇—九〇年代的黨外雜誌，爸爸一次又一次地直接讓Molly經歷與思考威權體制的不公，漸漸地，她傳承了爸爸對於壓迫的敏銳與憤怒，與爸爸唯一的共通議題就是討論社會不公。

但是，在運動場上的慷慨激昂卻無法拯救家裡不斷擴大的裂痕。

爸媽情感不睦，Molly和妹妹長期承受媽媽的情緒狂飆。在青少年階段，Molly撐不過心裡的苦，有位男同志同學解救了要自殺的她，因著彼此都缺乏家庭的愛，兩個人一起走過國中歲月的悲苦，她感覺自己不再孤單，這段故事牽起了她和同志的不解之緣。Molly甚至大方地宣稱，「身為一個女人是男同志教我的。他們比我懂得活出自己，我從他們身上學了許多，有時候自己沒自信，覺得自己臉圓綁頭髮不好看，他們會用很三八的語氣說，我們自己覺得漂亮就好了呀！同志生來就是要療癒這個世界的，認識同志我才開始認識自己」。也因著與同志的緣分，她聽見有的異男嘲笑或攻擊同志，為了保護她的同志朋友，她就決定和異男採取距離、互不往來了。

透過Molly的敘說，我終於了解她為何和同志特別親近了。同志之於她，不但是救命恩人，同時也是引領她成為女人、成為自己的關鍵人物。

爸爸雖然承傳給Molly參與社運的憤怒能量，但是爸爸對於性別運動卻不以為然。不只是Molly的爸爸，老一代的男性社運者大多有著恐同傾向，Molly覺得很失望，只要回家就跟爸爸爭辯這個議題：

爸爸說，「結婚是人權，但是能不能不要撫養小孩？」

Molly回嘴，「我看過的每個同志都比你適合扶養小孩！」

爸爸認為，「同志是不利繁衍的物種註定要被淘汰的！」

Molly反嗆，「他們還活到現在證明他們適合這個世界！」

理性的爭辯往往沒有用，徒然讓兩人的關係更形膠著。

Molly前往立法院聲援同志時，爸爸輾轉得知女兒到了立法院，氣的打電話狠狠罵了她三十分鐘。Molly笑笑說，「爸爸為了省錢，從來不會在電話裡多說兩句話，這次他終於肯花電話錢罵我了……」自嘲的背後還藏著不被理解的傷心吧。

對於媽媽，Molly一向比較乖順，起初媽媽很不能接受她談論性別議題，但是後來她清楚如果無法接受這主題，恐怕就要失去一個女兒。所以媽媽漸漸有改變，她可以容許Molly為性別議題辦講座，去擔任同志的衛教志工，但是底限是，絕不能衝撞體制。

在Molly得知爸媽的底線後，為了不讓爸媽擔憂、也避免自己的麻煩，Molly在家裡最多只講性別理念，絕口不提自己參與的性別運動。對Molly來說，運動場上忙碌奔走的疲累不是最難的，更難的還是承受爸媽不認同的態度。所以在家庭裡她選擇了部分表態的方式，努力取得自己和爸媽之間的平衡。她笑著說，「我回家都得演戲，我演得很辛苦，但是，我不想一輩子都在演戲。」

我想到她曾經在身心最脆弱的時候、憑著體內僅餘的腎上腺素在立法院前大聲呼籲：「我們所爭取的，不是性別少數族群的權益，而是每一個人自由呼吸的機會！」這樣的宣示不只是嗆聲，更是心底的渴望。Molly所全力拚搏的何止是同志人權？更是她的、我們的，心底的那個最深的夢想，那個「不管我們在哪裡，不管我們說什麼做什麼，都可以昂首挺胸展現自己最真實模樣」的卑微夢想。

難以抵擋的內在風暴

即便性別社的講座很精采，也未曾缺席各場性別運動，在二〇一六年年底的社團評鑑卻落入了低分，所以註定了下學期只能領到最低的社團補助。面對這種情況，Molly直言自己的心情比被死當還難過。但是這擊不垮Molly，她另外從衛生局這邊找縫隙申請補助繼續辦講座、辦活動，甚至和幹部們一起負債，讓性別社繼續轟轟烈烈。特別是當司法院於二〇一七年二月十日決定受理由祁家威提出的同志婚姻釋憲案之後，釋憲案的結果成了同志族群推動婚姻合法化的最後一哩路，絕對不能輕忽，Molly決定帶著幹部繼續往前衝。

Molly，一次又一次，將她的憤怒轉化成翻轉社會的行動。

二〇一七年五月大法官的釋憲結果出爐了，判定現行的民法必須修改才能保障同志的婚姻權益，這為台灣的同志婚姻人權跨出了一大步，所有的抗爭與努力，至少在法律上開花結果了。我心裡第一個閃過的開心不是為了法律的進步，竟然是為了Molly，我想，風暴終於過去，Molly總算可以喘口氣了。

沒想到，一場場的狂飆，她都挺過了。內在的風暴，卻比外頭的風暴更強更烈，更難以抵擋。

「去年九月到五月我都是快樂的，許多的風暴一陣又一陣，就算沒睡也不覺得累，我閉起眼睛都在想明天要做什麼，身體很累但是心裡卻很開心。五月的大法官釋憲後，我就沒事做了，好像我心裡有頭小怪獸，在我忙碌的時候休眠，等到閒下來就醒了過來……」Molly說了自己過往和現在的不同處境。

她很難入睡，睡著了也往往都是惡夢。那些關於阿公被刑求逼供的畫面、那些遭受性別霸凌的、自殺的、被性侵的、愛滋感染者種種被壓迫的畫面都不斷成為她的夢魘，讓她難以成眠。在平權運動告一段落之後，無法再替這些被壓迫者做些什麼的她，一空下來，別人的創痛就在她身上浮現。

不過，即便她失眠、有時被噩夢驚醒，但是她繼續去諸羅部屋推動愛滋防治工作，繼續在性別社辦活動、繼續透過書寫為弱勢發聲。

隨著性別運動告一段落，她也進入大四，雖然沒太大動力為自己爭取畢業，但是她顧及曾經給過爸媽畢業的承諾，她還是為畢業製作努力著。Molly以自己最熟悉的同志主題拍攝紀錄片，不過，為自己做點事，Molly終究少了很多力氣，她笑說這只是還債給爸媽而已。

為自己綻放艷麗生命

我一直不懂為何對Molly來說，為自己活著比為別人衝撞困難許多？正如我一向關切運動者從參與歷程中學到了什麼，面對Molly，我好想了解她從性別運動裡長出的模樣。

Molly說，參加性別運動最大的意義是幫同志爭取人權，因為在成長過程中一路陪著她走過風暴的都是同志朋友，為他們挺身而出是她唯一能做的。一路以來街頭上的吶喊呼口號、記者會上的勇敢發聲，都是為了同志。

「那參與性別運動有沒有對你自己的意義呢？」我總希望那麼為別人爭取權益的Molly也可以回頭看看自己、挖掘屬於自己的意義與成長。

尋尋覓覓後，她終於找到自己的答案。

推動婚姻平權的過程中，Molly幾回加入平權小蜜蜂的宣講活動，到熱鬧的夜市與街頭跟民眾溝通同志婚姻，遇到阿公阿嬤，她學著站在對方立場、用對方可以懂的語言與長輩對話，慢慢的，她也學到可以用同理心重新面對那個難以撼動充滿權威的媽媽。

媽媽向來嚴格管教她的衣著，以女生要潔身自愛為由嚴禁她穿露出鎖骨的上衣與短褲。多年來她無奈地接受媽媽對衣著的要求，在家裡就是長褲、運動鞋和T恤的樸素裝扮。有一次利用參與性別運動的空檔回家，忙累之餘她竟然直接穿著短褲回家，媽媽不但無法接受，還氣憤地把她的短褲上衣打包要拿去丟掉。Molly堅定地對媽媽說，「我以後回到家裡願意穿長褲，這不代表我的行為是錯的，而是因為我願意尊重與照顧你的感受，離開家就是我自己的樣子了。」當下Molly心裡激動莫名，她不敢相信自己在家裡噤聲多年後敢對媽媽說出這種話，這也影響之後她與媽媽的互動。一個年輕女孩可以自我表達，又同時尊重長輩很不容易，**那個習慣在運動場上為別人發聲的勇敢，回到自己家裡仍然鏗鏘有力**。

一開始覺得為了完成對爸媽的畢業承諾而做的畢製紀錄片，也對她漸漸產生了自我的意義。

將近一年的時間拍攝紀錄片，她一路跟著變裝皇后的主角小童到處拍攝，不只記錄主角的心路歷程，同時一路回顧自己參與過的性別運動，這些紀錄帶著她慢慢走過低潮，讓她願意相信，「**這世界看起來很可怕，但是回頭看看那些愛我們的人，我們會知道這社會仍有改變的可**

能」。

曾經以為只能為別人憤怒、為別人爭取權益，Molly還是回頭找到了參與這些運動、做紀錄片對自己的意義。

祝福每個關心社會的你，

不只找到參與運動的力量，同時找到改變自己生命的力量，

那麼，這不只是為別人，同時是為自己綻放的豔麗生命！

士勛的憤怒與愛
——「三一八」學運風暴

「士勛」這個名字有一天突然在心裡跳了出來，一個幾年前認識的學生。二〇一四年「三一八」學運把我倆再度連結，當時的他為了兼顧課業與立法院前的靜坐來來回回的在台北與嘉義之間奔波，相遇匆匆，不知道那時的他發生了什麼，背後有什麼精彩的故事？我更好奇的是，學運之後在這個參與者的身上留下了什麼？？

記得，往前

意外的是，再度在臉書聯絡上他，此時，他剛好結束了澎湖的當兵，即將在隔周回到自己的系上跟學弟妹分享自己的故事「記得，往前」。

我很開心：「那正好，我就順便跟著去聽你的演講，就可以趁便了解你了……」

在滿滿都是學弟妹的講堂裡，士勛從自己開始籌備第一屆的動物科學營開始說起。

上了動科系的他，一進入班上就被選為班代，他的熱情活力即便在一個初識的團體中都很難被忽略，他在班上積極的籌備彼此認識的活動、積極的安排一次又一次的班遊，促進情感交流對他永遠很重要。快升大三時，他想到當初填志願時大多對動科專業一無所知，於是他興起了一個為高三生舉辦動科營的想法，想促進高三生對動科系的了解，幫助他們選擇適合自己的科系。念頭一起，他很快就找到了十一位一起幫忙的夥伴。

一件好事的發生，往往就是得，一波三折。

準備著要參加第一次動科營宣傳活動的這天，他竟然在校園內被撞了，整個人翻了一圈倒在地上被送去急診，第一次的宣傳機會就這麼被突如其來的意外打斷了。在醫院休養了一陣子，等到系上辦系友會的這天，他佇著拐杖一跛一跛的走到聚會裡進行第二次的宣傳，他想，畢業校友應該很樂意捐款幫助這個營隊的發展吧。萬萬沒想到，比少還不堪的是零元，連一塊錢都沒募到。

士勛很沮喪，卻不想放棄，繼續嘗試與系主任商談，系主任看到他們這群人的努力，願意承諾在經費上進行援助，有了經費總算得以進入營隊籌備期。接下來最重要的就是招生了，空等了一個月，就是沒半個學生參加。士勛建議夥伴們主動出擊，十二個幹部分頭進入雲嘉附近的高中職宣傳招生，努力奔走下總算找到了幾十個高中職生願意前來參加營隊，然後就在後續的運作中順利完成了第一屆動科營。

我好奇著，在接二連三的困難中是什麼支撐著士勛堅持著辦完營隊？「要和我的夥伴共同完成一件我們不確定、也不相信可以完成的事情真的很難，但是還好上帝給我一顆傻傻相信單純的心，祂讓我一直在晚上做夢的時候，看見那個完成夢想的畫面，是那些畫面，支撐著我。」這樣的理由或許很難說服大多數人，但是 股單純的對信仰與夢想的信念卻撐住他的堅持力。

士勛驕傲地說起，動科營就這麼延續下來辦了四五屆，工作人員愈來愈多，大家搶著來參與這場營隊，甚至這是系上少數可以讓大一到大四一起交流合作的機會，這個營隊逐漸發展為系上的傳統。

這是士勛，在團體中帶著大家一起合作、一起突破重圍的士勛。

不過，這和參與「三一八」，在立法院裡靜坐的士勛是同一個人嗎？那個一起和其他憤怒的年輕人衝撞體制的、和那個熱絡的與大家打成一片的士勛真是同一個人嗎？

從一群人到一個人

大三寒假正式舉辦了第一屆動科營之後，社會上關於服貿協議的爭議不斷擴大。一群「島國前進」的年輕人佔領立法院的舉動，迅速引發社會大眾的爭議。立法院快速通過服貿協議這件事燃起了士勛心底的憤怒，他想要去聲援，但是身邊的朋友沒什麼特別的反應，他，決定一個人隻身前往立法院。

習慣了呼朋引伴和大家一起做事的士勛如何看待這次的一個人？

「我覺得很孤單，也不知道為何身旁的朋友沒什麼反應……」

即使是一個人，也擋不住士勛想要北上的衝動。但是面對繁重的大三課業，他做了個兼顧的選擇。利用上完課的夜晚，半夜坐遊覽車北上參與靜坐，快上課前帶著疲累的身體再花三個半小時的車程回嘉。

在來回不斷的奔波中，他感慨的不只是政府的難以撼動，更是周遭人群的冷漠。他不懂為何周遭的人群看來漠不關心？在立法院裡，他看著畫家用油畫描繪這裡、記者用文字記錄故事、醫師用專業照顧著生病的人、律師免費提供諮詢、教授帶領學生分享討論，真真實實看著好多人在為著民主、為著下一代努力。他忍不住在臉書寫下：

「你，到底有什麼理由，可以不關心，可以當作什麼事都沒發生。我們的政府這樣欺騙著我們，為什麼還要假裝什麼事都沒發生？」

士勛的心情不只是個人的，同樣也是許多關心學運的大學生的心情。那陣子我的臉書朋友突然增加許多，一則又一則的學生私訊裡，提到的都不是對學運的想法，而是一個接一個對周遭朋友的失望與憤怒：

「有一個同學說，他超不爽臉書都被反服貿的資訊給洗版了，我對他更不爽……」

「我身邊找不到一個朋友可以討論服貿議題，找不到一個可以對話的人。」

「即使是系上很厲害的學長，說到『三一八』學運時也沒有自己的想法……」

……

這些對周遭人強烈的憤怒與不滿，需要傾瀉，也需要清理。

我想起一九九〇年代的自己在參與野百合學運時的激昂心情。當時的我同樣無法理解周遭人的沉默。面對龐大的不義巨獸，我不懂怎麼能放任自己繼續生活在風花雪月的世界裡？許多的憤怒與不解充塞我的心頭。而這些憤怒的能量，竟然推動著我放下習慣的害羞，一個人前往參與一場我所陌生的大型運動，竟然驅動了我對台灣社會的關切，推動著我跨出自己的舒適圈。

現在，面對參與學運的士勛，和更多關注學運的學生們，

我知道這些都是必經，

必須要走過那些憤怒失望的糾結、走過與周遭人群的差異與對立，

走過一個人的孤單、勇敢、淚水，那些滋養一個獨立人格種種必須的養分，

才能看到一個昂首挺胸的大學生。

跟自己獨處：由憤怒轉成愛與溫柔

士勛第二次從嘉義北上時，他很想跟著進入立法院，於是在其他學生的協助下，趁著裡頭的學生還未完全切斷與外頭的聯繫之時就鑽了進去。桌椅錯落的全拿來堵住入口、到處都是標語布條，以及各處席地而坐的一堆堆學生。有人負責把場內消息散布給外頭、有人負責場內物資的調度與秩序的維持，許多場內的抗議學生找到了自己的定位。一片混亂的場景中士勛找尋著可以做些什麼的機會，而他擅長的是什麼？可以做的又是什麼？他思索著。

來自長老教會的他，後來決定從靈性的角度切入，他了解在場內的學生處於一種鬥志、擔憂和極度疲憊相互混雜的狀態，他帶著和他同坐一起的學生唱聖歌禱告，想用信仰的力量陪伴大家，給場內學生一些支持與希望。

我很難想像在凌亂不堪、緊張又激昂的抗議場合裡，會有一個小角落傳出充滿愛與希望的歌聲，但是，我可以想像這個角落裡的悠揚歌聲會如一陣春風輕輕撫過許多焦躁不安的心。我感受到在士勛的心底早已蘊釀了比憤怒更強大的一股力量，就是愛。

對我來說，更好奇的是士勛在事件之後所長出來的模樣。

學運之後的他用「憤世忌俗」形容自己，他關切反核、恐攻、廢死、香港雨傘花各種社會議題，更加強了對這個世界的憤恨，但是慢慢的他覺得只有憤怒沒有用，隨著大四的來到，他進入更多的安靜獨處，想讓活潑好動的自己靜下來，試著放慢生活步調，開始宅在宿舍自己煮東西吃、開始一個人散步、開始更多在信仰裡沉澱，看到鄭傑與小燈泡事件的衝擊，一再的思索沉澱後，他慢慢確認只有憤怒終究會展出無可預測的殺傷力，最重要的不是憤怒，而是愛。

他想想自己身邊同學的相處時間也只剩下最後一年，大家開始為了畢業的工作、研究所的考試而忙碌時，士勛整個腦袋只想著要怎麼珍惜這些最後的時光，他不想錯過可能是人生中最美好的四年。他招集了班上從大一到大四歷屆的班代，一起想出了一個idea「畢業前的五十件事」，從全班一起吃學餐、一起喝一罐牛奶到一起到阿里山看日出、一起到嘉大四校區巡禮，他找了很多方式讓大家可以聚在一起，雖然最後還是沒能完成五十件事，但這件事卻在士勛的大學生涯裡畫下了美麗的句點。

這是在畢業前士勛為自己找到的答案，要先想辦法找到愛，才有可能繼續談其他事情。對民主、對公義、對社會、對家庭，都是因為先有了愛，才會進一步去關心它、改變它，這也成了士勛之後想要承擔的使命，他想用愛去影響周遭的家人和朋友。

愛的力量

接著，士勛就去當兵了，抽籤之時他求的不是在老家當兵，而是前往遙遠的離島體驗未曾有過的生活，果然，如他所願，他來到了許多人避之唯恐不及的離島，澎湖。

當兵那一年，他又再度被憤恨所驅動，痛恨這裡的人一點都不團結，甚至連敵人是誰都搞不清楚，一天到晚只會欺負自己人。然而他身上關於愛的信念卻未曾真正離開。儘管當兵期間發生許多狗屁倒灶的事，**但是他很確定，無論如何都不要忘記那個會愛人的、會感謝的、會做夢的自己**，無論如何不要被成長的現實侵蝕，無論經歷再多事情，都還要是原本的自己。

他努力的在軍中不合理的操練裡讓自己維持一個對夢想、對愛的想望，常常在澎湖夜晚的美麗星空下沉澱著，大三那年心裡所醞釀的夢想。他想在退伍後去傳說中有著細膩文化的日本，看看日本人是怎麼生活、怎麼對人用心與貼心，趁著年輕去一個語言不通、沒有任何朋友的新地方生活，想知道自己可以被激發出什麼可能性。做這樣的夢對一個畢業生來說顯得有些奢侈，但是，既然是心裡渴求的夢想，他想為自己再努力一下。

退伍後，他和女友共同申請了日本大阪ＹＭＣＡ（Young Men's Christian Association，簡稱基督教青年會）打工度假的計畫，幸運的是兩人都通過了。女友在幼稚園帶小朋友，他則是在山上辦營隊。在日本他強烈的意識到台灣的渺小，遭受各式各樣的打壓。但是，他仍堅信自己從小住到大的家是這麼的美麗耀眼，他想卯起來為自己的家鄉更努力的學習。

明明在遙遠的日本，他想的都是台灣。

二〇一七年，是二二八事件七十周年。正好他人在台灣，上勛去台灣歷史博物館二二八特展想親眼看看陳澄波先生的遺照。找了五位朋友，透過討論、講座、音樂會的多元方式，一起去認識二二八這件事件與我們的關聯。他想著，如果我們讀懂歷史，會更加知道怎麼往前。

明明在忙碌的現代，他想的卻是台灣的古早。

畢業兩年的他，深刻體認到不能只是繼續看著政府官員抱怨那些我們無法接受的改變，而是要開始閉上嘴巴去做事。就算只是做資源回收、學會忍耐、約會準時，做出這些看似瑣碎的小事，卻都是一種美好的改變。

明明世界變得更糟，他想的卻是美好的改變。

士勛不斷持續的書寫美好、感恩與改變，奇怪的是，我還是會被這種不斷重複出現的老掉牙話語感動。

我想，那裡頭還可以持續感動我的，就是愛，對人、對台灣的愛。

愛比憤怒更強大

在「三一八」學運裡，我看到年輕世代對政府不義的憤怒在當下轉化出各種抗爭、衝撞的強大的行動力，這是年輕人身上獨有的珍貴。然而，我更看重在參與學運的過程裡每個人開展出的生命意義。如何面對自己一個人行動的孤單？如何與他人協調溝通？如何在參與過程中發展出思辨與論述能力？如何為自己選擇立場與行動？這些都是自我解放的關鍵。

在士勛的故事裡，他帶著對政府的憤怒參與了「三一八」學運，喜歡合作、享受連結的士勛，從憤怒中開啟了一個擴大視野、一個不斷思索自己位置與觀點的新可能。士勛從憤怒的能量裡發展出一種思辨的、獨立的、熱血的新面貌。事件結束後，他逐漸體會到，繼續憤怒帶來陰暗的無力感、而愛卻是綿延不絕的更強大力量。因而，他再度連結同學，一起在畢業前創造各種愛的美好記憶，也延續著愛的精神，當兵之後到日本去學習，想學習日本文化的精隨，激發自己以後為台灣這塊土地努力的不同可能性。

憤怒是夜晚璀璨的花火，愛卻是夜空中不斷閃亮的永恆之星。

06

給在情緒波濤中起伏翻騰的你

五百個「幹」找回身心平衡的自己

這幾年學習到的最大功課就是承認與接納，特別是關於情緒。察覺與接納情緒是碰觸內在、了解自己的關鍵。

我先分享一個自己關於情緒的故事。

五百個「幹」找回身心平衡的自己

二〇一四年的年底，我發現右小腿肚有了搔癢破洞又出現一些膿水，我用忙碌為由隨意塗個藥膏不想理它，沒想到破口逐漸變大還跟著紅腫，我終於下定決心帶著害怕把自己押到了醫院，果然從醫生口中吐出了我最害怕的答案，「蜂窩性組織炎」！

這是第二次復發了，不知又要注射多少抗生素才能解決的病症。

如果我學了這麼多自我調適的方法，那除了怨恨之外，我告訴自己，是不是可以觀察這次的生病會帶給我什麼禮物？

在醫生的提醒下，於是我開始放下運動減少走動。真的有些悶，有種深層的鬱悶在心底阻塞著。我提醒自己，可以練靜坐呀，幫助我開展另一種深入內在的可能性。我真的開啟了新的生活方式、嘗試練靜坐了，靜坐中也感受到一種獨特的平靜。兩個星期過了，傷口復原的有點緩慢，我放下一些工作，把腳步放慢，珍惜生活的另一種步調。

十多天就這麼輕輕滑過，每天的忙碌操勞有著怎麼都睡不飽的累，連續幾天下來我的偏頭痛犯了。有天，我昏睡了一整個上午，帶著身心的疲累與偏頭痛的躁動，想到下午三點還有課，還是開著車，決定中午提前出來曬曬太陽，準備上課的心情。

先到小吃店吃個火雞肉飯吧，我隨手把包包裡的筆記本從車上帶了下來，準備趁著吃飯的空檔好好來個書寫，這是我一直以來習慣的排遣情緒的方式。點了東西，一坐了下來，翻開了筆記本，拿起了筆，強烈的煩躁一擁而上，一提筆竟是：

他媽的，阿媚超幹，得了蜂窩性組織炎，二個星期不能運動、不能穿短褲褲襪、不能喝薑湯咖啡，我還他媽的乖乖練靜坐，他媽的偏頭痛加嘔吐、看了醫生也沒用，頭痛就像蒼蠅一樣一直在右邊太陽穴不斷不斷不斷不斷不斷的嗡嗡嗡，煩死人煩死人……

寫著寫著，意外地不斷迸出的竟然是這陣子以來的怨念。原來那些怨念比我想像的更深更深，這會突然全跳了出來在筆尖大聲嘶吼……。

順著筆勢，我開始不斷地寫起了「幹」，不斷地寫、用力地寫、紅的筆藍的筆綠的筆不斷地寫著「幹」，感覺到右臂一陣陣痠麻，我還是不斷地寫，寫到所有的幹都重重疊疊、幾乎無法辨認出字跡。

奇怪，我不是已經都自我調適了嗎？不是已經可以接納自己情緒的流動了嗎？此刻的我竟然還有這麼巨大的憤怒與煩悶傾洩而出，我覺得訝異，同時卻又感到自己鬆了不少，雖然右邊太陽穴還是隱隱作痛著。

寫到一半時，突然看到了認識的學生。我沒有躲開，還是在宣洩情緒的當口挪出了空隙回頭對他們微笑招呼。但是心裡有種異常的清晰，我只想用微笑表達自己的善意，說一句都太多。然後我又回到自己的狀態，繼續埋頭書寫。這一刻的我難得閃現了一種界線清明的自我樣貌，有種奇特的滿足感升起。萬萬沒想到，這竟然是在負面能量的大量流洩中才找回的清明狀態。

寫了十多分鐘吧，終於……

夠了！

停下了筆，吃起了晾在一旁許久的火雞肉飯和奶茶。突然意識到偏頭痛走了，整個人回歸清爽。我的理性又開始功能良好的運作了，我繼續書寫接下來要如何繼續處理自己目前在健康與工作的諸般狀況。

我連續兩個學期在班上推動「狂野寫作」，我告訴學生們：

寫作是很狂野的，跟飆車、大聲吼叫一樣狂野。

狂野寫作不是為了給別人觀看，只為了自己，
所以可以忽略字體大小、美醜、工整，愛怎麼寫就怎麼寫，
因為可以把整個人毫無顧忌地赤裸展現，就是狂野。

這一次，我才真正懂得什麼是狂野。

書寫竟然可以如暴風雨般的狂飆，徹底的將心底積壓的負面能量全然傾瀉。我可以在書寫中更真實、更完整的碰觸與面對自己的內在，不論是狂暴的、溫柔的、優雅的書寫，一切順勢而出，如實接納。

五百個幹，找回身心平衡的自己。

拿掉道德框架，完整的碰觸自己的內在

有回和一些學校老師分享五百個幹的故事，有位老師認真的反問我，「一定要用這個字來表達情緒嗎？我們都教孩子不可以說髒話，說生氣比較文雅。而且負面能量不是會帶來不好的影響嗎？」這個重要的問題開啟了我們熱烈的討論關於說髒話的種種。

狂野寫作挑戰了我們既有的文化素養，特別是挑戰老師們的道德界限。我不是髒話的擁護

者，並不主張用髒話與別人應答溝通。但是在一個人的心靈獨語時，如果內在有這麼強烈的憤怒與不滿的話，說真的，用再骯髒的字眼也無所謂，當強烈的情緒到了，就順應著情緒之流任性書寫……。

我們隨著社會化的歷程，往往賦予情緒太多的價值判斷。這是好的、壞的情緒，這是社會可以接受的、不能接受的等等等等，當然道德規範的判準是必要的，但是在面對自己內在的清理時，何妨先把這樣的道德標準拿掉，反而可以更舒適自在的與自己面對面。

五百個「幹」的故事重點不是罵髒話，更深刻的問題是：我們如何碰觸自己最深的內在？我們在長年接受社會薰陶後，很擅長在不同的時空中轉換情緒。也許我們這一刻還在家裡與家人對罵，一走出門遇到了鄰居又可以笑臉迎人，到了公共場合又可以和別人進行應有的應對進退。不相干的人不需要隨意承受我們的負面情緒，這當然是應有的社會儀節。然而，當我們不斷順應場合轉移自己的面貌與形象之時，什麼時候可以留給自己一個時刻，完整的碰觸自己的內在？

一個人單獨面對情緒是必要的奢侈

給自己一個人單獨面對情緒的時刻吧，這是必要的奢侈。在那麼私人的獨處時間裡，放下任何道德與價值觀的判斷，就是與自己誠實的面對面，盡情奔放的書寫，那樣的誠實，是在努力適應社會後留下的單純屬於自己的美好資產。這樣無設限的書寫後，我的體會是，回到日常生活裡反倒是平衡而自在的。

一陣子之後，蜂窩性組織炎終於跟我揮手告別了。隨著病好了、情緒清理了，我才深刻的發現，這次生病給了我很珍貴的禮物。除了瘋狂飆髒話進行情緒的宣洩之外，我也發現平和的靜坐也是很重要的自我整理方式。

把情緒認回來吧

情緒之河始終迂迴曲折的流轉著，唯一能做的，只是等在河邊溫柔的凝望，等待一時的澎湃激流，順勢而過。

在情緒波濤中起伏的我們，先把情緒認回來吧，從承認自己的情緒波動中找回力量，這樣的我們會發現，我們不是情緒的受害者，而可以當情緒的主人。

隱藏悲傷的女孩
——不同情境中自由選擇想表達的情緒

一個女學生丟私訊給我，好奇的問我「什麼叫做接納悲傷」？我想這只是隨口問問吧，沒特別想回。沒想到，在我早就遺忘的時候，她還是掛心著這個問題，鄭重地第二次丟私訊問我。

容許別人看到自己的悲傷

當這個女孩再度提了同樣的問題，我知道那不只是一個知識的問題，而是生命的問題。先反問比較快，我先問她如何理解接納這件事？

「我覺得要接納悲傷沒錯，但是不要讓大家看到自己的悲傷。這樣會讓別人覺得自己是一個能量很低的人。」

嗯，我了解。這果然是生命的問題，而且是關乎她自身的生命問題。

「接納不只是內在的接納，同時也容許別人看到自己的悲傷，容許自己可以有各種在別人面前呈現的姿態，悲傷的自己也是一種可能性。當然我不必只穿這件悲傷的外衣，我也可以更換歡樂的、搞笑的外衣，只要我願意，就可以換衣服展現屬於我的不同樣貌。」

說完我就直接切入了：「你擔心別人看到你的悲傷嗎？」

她誠實的說：「我試著接納悲傷，我想那會讓我看起來比較好。我擔心別人看到自己的悲傷，我覺得那些是我該自己處理掉的，不該是別人承擔的。」

我們很多時候擔心自己的悲傷造成他人的負擔，所以偽裝沒事的模樣。不過這個假設牽涉到一個內在的觀點，我表現悲傷就會造成別人的負擔，所以在這個觀點影響下，我們往往壓抑自己的感受，不表現負面情緒。我好奇她可以換個觀點嗎？其實他人只能關心、安慰我們，給我們一點力量，悲傷從來都是一個人的事情：

「悲傷一直都只有自己可以處理與接納，從來沒有人可以幫助你解決。不管別人知不知道。」

說著說著，我看到她心底更深的部分，所謂擔心造成別人負擔的背後是不相信自己值得被關注、被照顧。

於是我問了：「你值得別人的關心嗎？」

她說這是第二次有人這麼問她了，然而她還是無法回答，儘管如此，她試著表達：「雖然我喜歡互相扶持的感覺，但是讓別人知道我悲傷，好像對方要受我的氣。我理性上我告訴自己我值得，我也常這麼告訴自己，但我表現出來的，隱隱約約好像又覺得我不值得那些關心……」

這個女孩很習慣表現出堅強獨立的形象，我繼續好奇她為何喜歡呈現出這樣的形象？展現自己悲傷的一面，好像是把自己裝的很可憐，然後別人才會對我付出關心，看到這樣的我就覺得很可悲。好像自己在乞討什麼？不過，我選擇一個堅強獨立的形象，把我自己包在裡面，然後我被包得很不舒服。」

不舒服？我聽到她的感受了。其實她並不喜歡自己慣常呈現的模樣，但是她又討厭自己顯示其他的情緒，彷彿是在乞求關心。對於這樣的矛盾，我唯一能做的就是釐清她深層的內在，邀請她改變觀點，走向自身的渴望：

「你已經感到不舒服了，要不要試試看讓別人認識你其他的模樣？獨立堅強很好，然而它不需要是你的全部。容許自己也有其他樣子出現，你才是真正自由的。你想當個自由的主體嗎？」

「我要！」簡潔有力而不加思索的，她直接表達了自己想要自由。

我說：「如果你這麼清楚知道自由是你要的，就可以慢慢學習。真的不容易，起碼現在你已經在我面前嘗試顯露妳堅強之外的模樣了，你已經跨出了一步。」

她顯得有點擔心：「如果真正的接納悲傷是可以在別人面前展現也沒關係，那我大概還沒做到。」

情境中選擇表達不同情緒

我鼓勵她慢慢來：「當你願意真實的呈顯自己的悲傷，起碼在好友面前可以真實，當然在團體中有時我們還是可以選擇偽裝，你會感受到可以在不同情境中自由選擇的你，才是真正自由的。」

要真實地察覺自己的情緒，願意在不同場合中做不同程度的展現，這樣的自由真的很困難，我們往往不是選擇過度的壓抑就是衝動式的爆發。

我鼓勵她，連結她內心的正向力量：「我感受到你對探索生命與了解自我的努力與熱誠，就慢慢練習……」

「老師，你也是呀。」

她反過來肯定我，我也欣然同意：「對呀。這是我最驕傲的地方，我真的一直很認真面對我的生命。一起微笑努力吧。」

女孩打出「呵呵」的傻笑字眼：「謝謝老師。雖然努力著，但是可能沒辦法一直微笑。」

真的很有趣！她總是很認真的考究我每個字眼，但是這個澄清的確重要：「沒法一直保持微笑那是當然，我說的微笑不是表情，指的是接納的態度。」

她困惑了：「接納的態度？」

「有另一個自己，可以看著各種情緒起伏的自己微笑著，對我來說這是接納。」

了解自己需要什麼來安頓悲傷

這是個二十歲的青春女孩，一個很認真面對自己內在的女孩。

這幾年的練習裡，我愈來愈可以表達自己的難過低落，當然我也會擔心別人的擔心，但是後來我體會到，**真正讓別人不知所措的不是負面情緒本身，而是不知如何面對負面情緒**。如果我們心情低落時，可以對身旁的好友表達自己的需求，我需要一個人安靜、或是一個擁抱、或是需要什麼樣的陪伴，這樣，不但我們的情緒有機會獲得紓解，身旁的人也清楚如何面對我們。

與其隱藏悲傷，不如具體表達自己需要什麼來安頓悲傷。

不會生氣的男孩
——承認情緒來開啟內在空間

有個男孩找到了我的研究室，迫不及待地要來跟我聊聊，哇！好不容易有個男孩想要自我探索呢！一進研究室，他開始滔滔不絕地說著對班上、老師、同學之間的各種不滿，我不免要問「你的感受呢？」他又繼續說著其他事情，我再問一次，「你的感受呢？」我前後追蹤了好幾次，他終於說出了自己很生氣。從很遠的地方繞了大大一圈，才終於停駐在生氣這個情緒上。承認生氣，原來是這麼遠的一段路程。情緒是碰觸內在的關鍵，承認了情緒才能開啟梳理內在的空間。

我想了解是什麼樣的成長歷程讓他和生氣有著這麼疏離的關係？

承認情緒開啟內在的連結

他說起，一直以來從媽媽身上學到的是不能亂發脾氣，也不能發洩情緒，影響到他人。長大之後，他就一直秉持著這個原則行事，即使心裡再波瀾起伏，也會理性地與別人應對，同時做完該做的事。「偶爾也會情緒失控啦！」他不好意思地多補充一句。我好奇他的失控指的是什麼？「就是臉很臭，跟別人說我心情不好。」我很驚訝，我還以為失控是暴怒發飆呢，單單只是臭臉就是情緒的失控?!原來在這個男孩心裡藏著極深的對於情緒的壓抑。

無法接納生氣的情緒

我繼續詢問：「你能接受自己生氣嗎？」

「我可以呀！」他毫不猶豫的回答。可是我還感受不到話語與內心的一致。談話結束前，我邀請他跟我做內心小孩的練習。待他同意後，請他閉上眼睛、深呼吸，跟著我一起去看看內心生氣的小孩：

「你的心裡，住著一個生氣的、暴跳如雷的小孩，小孩很憤怒，為著自己的怒氣慌張著，不知要如何處理。長大後的你，慢慢走了過來，溫柔地凝視著這個生氣的小孩，走過去用你的愛擁抱他，告訴他：沒關係，別害怕，我會好好的陪伴著你！」

張開眼後，我邀請男孩分享自己的感受。他靜靜地說起自己沒辦法愛這個生氣的小孩，反倒很想打他。那一刻，我了解他無法接納自己的生氣。

我很能理解這樣的心情。很奇妙的是，當我正處在某個生命情境裡時，往往上帝就會剛好把同樣處境的人帶到我面前。最近諸事紛亂，我特別意識到自己內在有種生氣的情緒，甚至在我裡頭有個更強烈的憤怒能量，這層意識讓我不安。往心裡的冰山探去，我怎麼可以生氣呢？我憑什麼表達生氣呢？不表達生氣的背後其實是不敢與害怕。其他的負面情緒，不管是難過、挫折、不安或焦慮我都可以坦然接受，因為這些對我來說屬於可以得到愛的情緒。當我流露這些情緒時，往往會有同理、溫暖與照顧迎向我，所以我可以率性表達這些情緒。然而在我的觀點裡，生氣的人會製造衝突對立，惹人討厭，所以我期待自己不生氣，頂多只能在很親密穩固的關係裡表達生氣。

生氣的多元面貌

在這樣的壓抑下，我的生氣會轉化為為他人所承受的不平而憤怒，我的生氣會轉化為為社會不公義而憤怒，我的生氣會轉化為在肢體活動中的熱烈動能，我的生氣以各種形式進行多元展演，展現了我澎湃熱情的生命活力。我為這麼樣的阿媚開心著。

然而，我的生氣也會在心底隱隱壓迫著我，讓我有時與他人互動展現了討好與打岔的姿態；我的生氣在與女兒相處時，會不預期的突然爆發為無法控制的指責與暴怒。我為這麼樣的阿媚難過著。

在這個男孩無法接納自己生氣的同時，我也照見了自己內在對於生氣的糾結。我會不自覺地把生氣轉化成「訝異」一詞，以為這樣會減少對他人的殺傷力，然而我發現這是不願承認生氣情緒的藉口罷了。我慢慢的在練習，承認自己會生氣，面對面地凝視我的生氣，就在承認的那一刻，我發現自己的生氣不再張牙舞爪，而可以慢慢變得柔和。

內外一致的表達生氣

可以平和的表達出生氣，同時也願意給出一個和對方溝通的空間、讓自己去聆聽與理解對方的狀態，這麼一來，生氣就不以高高在上的指責姿態出現，而是以對自我負責的方式現身了。

難呀！還好我已經跨出步伐了，一起上路吧！

女孩的焦慮好朋友
——與陰影共處

「老師，我論文寫不出來啦……」

這句話我在嘉大不知聽過研究生說過幾回，奇怪的是，說出這句抱怨的研究生每個都畢業了。但是我知道走在寫論文的過程裡，寫不出來，就是當下跨不過的苦。

此刻，她來到我面前，沉穩又略帶愁苦的說：

「我真的很焦慮，我的家人希望我寫快一點，一直提到誰誰誰早就論文寫完去找工作了，我很尷尬，只能跟他們說論文性質不同，我需要多花一點時間。又看到許多同學陸續畢業了，一起走在寫論文路上的夥伴愈來愈少，讓我感到很焦慮。」

對夢想愈渴望，焦慮就愈大

她反覆訴說的都是焦慮，寫論文這件事與其說不知如何下筆，其實更是躲在論文後頭的巨大焦慮讓自己下不了筆。

「我很焦慮，好像自己是一條小船在海上漂盪，沒有比例尺、航海圖，不知何時才能達到目標，也不知何時會起風，何時有下一個風暴過來，我只能在海上等待，船上糧食彈盡援絕了，我希望自己划的快一點，但是怎麼就是慢……」這個畫面太精準地傳達了研究生卡在論文裡的波濤起伏。

這個畫面也召喚了我心底一直以來的焦慮感。我愈來愈體會到，我們所有人都來自同樣的生命源頭，彼此相遇的我們會用同樣的頻率相互振動。

焦慮向來是我的老朋友，這一兩年想要出本心靈書之後，焦慮更是如影隨形。應該這麼說，對夢想愈渴望，焦慮就愈大。

我本來想暑假比較閒可以多寫些東西，但是大腦的規劃如此，偏偏行動跟不上、一個字都動不了。我才知道根本不是有沒有空寫，更深的焦慮是我害怕自己做不到，以至於連提筆都難。「我做得到嗎？」「做得好嗎？」這樣的質問不斷從心裡跳出，看著為自己設定的期限逐步逼近，會更焦慮自己走不到給自己的承諾。

暑假兩個月來，我花大量的時間跟自己在一起，透過靜坐、禱告、書寫各種方式，我慢慢找回接納與平靜，我更清楚，焦慮終究是我的好友，當它現身的時候用「我愛你」去包覆它，讓光帶走陰暗，這是這輩子最簡單又最難的功課。

好好接納自己的焦慮

對於好好寫論文這件事，我能提供的建議只有好好接納自己的焦慮。

我說，「你有注意到自己身邊有兩個好朋友嗎？」

「孤單和焦慮。把它們當作妳的好朋友。好好跟它們在一起，那麼等起風的時候，妳這艘小船很快就可以往前滑行了。」

「我真的不想要這種朋友，我想去掉這些焦慮我會寫得比較快。請它干擾少一點，坐在我旁邊就好，不要趴著在我身上干擾我。」她抗議著提出自己的哀求。

我半帶威脅的說：

「喔喔，如果我是妳的焦慮朋友，知道妳一直要把我處理掉。我會更生氣，更想巴著妳不放，壓的妳喘不過氣來……」

我好像嚇到她了，好啦，我回到溫柔一點的姿態：

「我知道很難，但是摸摸它們的頭，對它們表達我愛你、溫柔地對它們說我愛你，它們會安分一點。」

「我在爸媽的期望、自己的期望和現實的壓力下覺得很喪氣，我怎麼會連寫完一本碩論都做不到？這件事讓我最焦慮。」

「喔，那你還多了一個喪氣好朋友。」我調侃她。

「其實……我還有論文這個朋友。論文這個朋友最煩，每次它都趴在我的電腦前，狠狠的盯著我，逼問我有沒有進度？到底有沒有認真？我嚇死了，一打開電腦都一直在道歉。」

愈說愈多的她，朋友一個一個冒出來，枷鎖跟著也一層一層打開。

「我超多好朋友的，一堆都趴在我身上，七月就已經有許多看不見的朋友了，怎麼還又有這麼多朋友？唉。」她跟著自我解嘲了，整個人鬆了一點。

奇妙的是，邊看著她情緒逐漸鬆開，我的心也再度鬆了些，當我的焦慮與她的焦慮交會，沒想到還生出了安慰與勇氣。我突然覺得自己有靈感，可以再度提筆寫新的故事了。

找到適合自己的方式照顧情緒

要接納與愛我們的情緒好友其實只需轉個念，但是要顛覆我們向來排斥負面情緒的觀念，這可是三六〇度的大迴轉，很費力，需要找到適合自己的方式來翻轉。

「當焦慮出現時，妳怎麼照顧妳自己？或者說妳怎麼補充自己的能量？」

我知道我靜坐、禱告的方式或許對許多年輕人來說太過抽象與靈性，我好奇年輕人自己能否發展出自己接納、處理焦慮的方式？

她想了好一下：「我喜歡看跟論文無關的閒書，看閒書之後，我心裡會比較平靜，寫論文時也比較有靈感。」

哇！好獨特的方式！

「那這些對妳來說就不是用來休閒的，而是用來補充生命能量的。」

學習與陰影共處

還記得《女英雄的靈性追尋》書裡的一段話：

「陰影是不會消失的，投出的光愈大、陰影就愈多。別妄想消解我們的陰影，我們唯一能做的就是與陰影共處。」

陰影是我們這生無解的命運，當陰影接連來到時，我們能做的就是讓臣服與接納光照陰暗，這是我們這一生不斷攀爬的心靈之巔。

青青的脆弱

——帶著哭泣重新站起來

認識青青好些年了，很清秀的一個女孩，她對我很早就展露了信任感，在課堂上認識我之後就會主動找我聊天，聊她的男友，聊她的家庭、聊那些讓她陷入低潮的故事。

敢於脆弱為自己創造療癒

特別記得的是，二〇一三年的暑假，青青打電話給我說起自己跟男友分手了。我記得半年前青青還說自己很怕很怕男友離開，很怕很怕自己被遺棄，沒想到半年後她主動提了分手。我試著拿掉自己的建議，肯定她勇敢與堅韌的特質，讓她回溯自己分手的理由，尊重自己做的決定。講完電話的青青，一整個意氣風發。

開學後，再度遇見青青，不再是電話裡意氣風發的昂揚，卻是垂頭喪氣的低沉。沒料到她轉換了另一個面貌，不斷地訴說自己的幼稚，覺得自己很沒出息，先提了分手卻又放不下對方，為什麼要下這個錯誤的決定？我再一次提醒她觀照自己所有的負面感受，自我察覺後學著接納所有的情緒。沒那麼容易，但是談完話之後的她平靜了一些，又再度相信自己有能力前行。

那時的我，很想在課堂上帶著學生一起練習情緒調適，我詢問青青，是否可以在課堂上跟我練習一段對話？我想為修課學生示範一場從情緒中走出來的對話。不過，要把自己的傷口暴露在眾人面前需要很大的勇氣，沒想到青青竟然答應，超乎意料之外。

隔天，我在課堂上邀請青青出來，一開始面對四十多位同學，青青很尷尬的笑著。我慢慢引導她進行對話，青青很快的就掉淚了，和著淚她繼續敘說著自己，這幾年開始在心靈領域進行探索後，對我最大的啟發是接受自己的眼淚與脆弱，可以給自己和別人一個自在哭泣的空間就可以創造療癒。

青青忘不了兩人之間曾有的回憶，卻又覺得男友無法再給自己愛與陪伴，也擔心自己再也找不到下一段適合的感情，於是分手之後思緒與情感不斷起伏波動。所有的波動都源於失去對自己的信任。我最關切的是青青還相信自己嗎？相信自己有力量嗎？於是我問青青：「你的內在有什麼力量可以幫助你度過這些情傷？」

青青搖搖頭，一向對自己的問題與情緒十分敏銳的她突然變的很遲鈍，於是我提醒青青，妳誠實的、勇敢的面對自己的內在，這是你身上最美好的生命力。聽完後，青青的嘴角有點上揚，說起自己的情緒常常如潮水一波波的過來，一波過來又再度退去，但是一波又比一波來的淺。

哇，好美的譬喻！居然是陷落在情傷苦痛中的青青說的。

下課後，許多同學私下的回饋裡都表達了對青青的讚嘆，覺得她很勇敢。青青也在這次的經驗後，注意到自己身上許多美好的獨特性，她開始相信自己了，期待自己新的人生。

情緒的潮水一波波湧上

不過，潮水還是一波波地，湧上。

青青發訊給我，不斷指責自己分手的懦弱、自己的自私深深傷害了男友。我想提醒她回歸到當初課堂上的狀態，重新省思這個分手的決定：

「還記得那天課堂上的對話後，妳感受到自己身上擁有敏銳而勇敢的生命力嗎？讓這些能量回流到妳身上，別忘了你是個勇敢、願意面對自己真實狀態的主體。妳後悔當初這個分手的決定嗎？妳渴望再度溝通、再度努力改變彼此的關係嗎？妳有權停留在舊決定中，同時妳也可以重新做一次選擇。」

青青沒回什麼，或許需要時間沉澱。

隔了幾天，青青突然來研究室找我，紅著眼睛，毫無預期的，我知道青青再度陷入分手後反覆的低潮裡。

當下的我心裡有著掙扎，我還沒備完待會的課程，也不喜歡有人突然進來研究室，可是看到她的虛弱又有些不捨。諸多掙扎中，我選擇先聆聽青青的狀況，同時表明自己只能跟她聊半個小時，下次過來最好先跟我聯絡。我試著在有限的時間裡引導她思索自己的狀態，短短時間的對談，她又可以多點勇氣繼續面對自己。

不斷跌跤、不斷重新站立

青青後來決定和男友復合，兩人再度溝通、彼此重新做了一些調整。復不復合，都好，感情是一段長長的歷程，分手可以是了結、也可以是重新開啟另一次關係的機會。重要的是，復合之後青青和男友的感情逐漸安穩了。所以，青青找我聊感情的次數愈來愈少，談心的話題從情傷逐漸延伸到自我認同、生涯的各種議題。青青有時仍會陷落，但是會再度升起，一如潮起潮落不斷沖刷的美麗海岸。

她畢業去小學實習，有時我們會約在彼此熟悉的咖啡館見面。一邊在學校實習一邊準備考教師檢定，壓力繁重的青青得再度面對情緒的陷落。有回，青青困惑地問我，「我這麼脆弱，還可以當一個老師嗎？」

我不用給她答案，而是先提醒她回想當初和現在不同面貌的青青：

「我知道現在的妳有時候還是很脆弱，那和兩、三年前脆弱的妳有什麼不同嗎？」

「現在的我如果陷入情緒的低潮，比起一、兩年前可以更快的回復了。有時候還是會覺得自己怎麼這麼弱？但是愈來愈可以接納自己情緒的波動了……」

情緒的波濤，還是一波又一波的湧上，但是，一波波，更淺一些了。「更快」、「愈來愈可以」這些語詞都標誌了青青在心靈成長上的重大進步。

我繼續邀請她回想過往：

「當初是什麼讓妳這麼堅定想當老師的？」

青青敘說著當初自己的教師夢：

「當初的我想讓孩子看見這個世界的美好，想讓孩子理解脆弱和力量可以並存，最重要的是他們可以知道，可以容許自己和別人好好地哭。」

說這段話的時候，我知道這幾年青青花了多少時間才終於相信一個人有權利脆弱、有權利好好的哭泣，有權利擦乾眼淚之後再度站起來。

「那妳就繼續努力當一個老師。好好為孩子示範脆弱的時候，如何帶著哭泣重新站起來。」

說完，我們相視微笑，以一個深深的擁抱道別。

去年，聽到青青考上正式老師的消息，很為她開心，曾經走過的心靈旅程絕不枉然，相信她會帶領自己的學生，更多學習察覺與轉化自己情緒的功課。

青青是看來禁不起風雨的柔弱小草，青青是即便風吹雨打還是堅持往上長的翠綠生命力。青青不斷被吹打，也不斷重新成長，而且愈來愈茁壯！

陪伴別人的起點始終是自己

二〇一三年的暑假我開始學習薩提爾溝通模式，那種生命可以為自己選擇、為自己負責的核心理念很吸引我，當我幫助別人時，不需要承擔對方的情緒與抉擇的方向，只要提點對方身上擁有的資源，把自我決定的責任回歸對方即可。但是話說的輕鬆，實際練習陪伴時，不免遇到自己的忙碌愁煩，常常不知如何在幫助青青和維持自己的需求之間取得平衡？

記得有一次青青說起和媽媽的爭吵，在相互指責中媽媽說出了自己不知道要如何面對她？聽著聽著，其實媽媽的困惑也正好是我的困惑，陪伴了青青幾年，我做的夠嗎？當我劃出界線說自己沒時間，會傷害她嗎？什麼樣的陪伴才是青青需要的？我趁機好奇的詢問了她，「當妳需要幫助時，妳期待別人怎麼做？」青青的回答出乎意外的簡單：「可以給我一個擁抱，或是好好告訴我，我有什麼地方值得肯定，這就好了！」

青青要的其實不多，我卻把陪伴想的太巨大，自己做不到的時候，就不免陷入自責焦躁。感謝青青讓我卸下了陪伴的重擔。回想起在她情緒起伏的歷程裡，我也只是透過簡單的對話、或是給出一個擁抱，就可以讓青青多拾回一點氣力，真的就只是陪在旁邊呀，把屬於青青復原的責任交還給她。

有一回和友人阿建聊起陪伴的困難，他說起「每一次的晤談就只是一種愛的陪伴，在與一個掙扎的靈魂面對面時油然而生的一種感動與尊重，如同耶穌面對世人一般。」這麼單純的回歸對生命的讚嘆與尊重就是陪伴了。然而可以如實的尊重來到眼前的生命，最根本的起點還是自己，能夠理解自己內在的反覆掙扎，才可以去同理青青以及其他的學生的掙扎。

所以，**每回的陪伴，不只是給出一個空間給對方，更是給出一個自我察覺的機會**：現在的我是什麼狀態？現在的我可以陪伴別人嗎？現在的我適合用什麼方式陪伴？帶著界線給出的陪伴，可以真實的同理來到眼前的脆弱生命，看到他們在反覆掙扎中展現的堅韌與不放棄的生命力。

先回歸自我理解與自我安穩吧，這永遠是陪伴別人的起點。

後記
從助人者到陪伴者

謝謝你願意打開這本書，閱讀書裡一篇又一篇的故事。

能夠放下「老師」的角色、以「人」的態度去陪伴學生，是因為這些年我的生命有許多的轉折與轉化。

如果你想更多了解我的轉變，歡迎繼續閱讀我的生命故事……

薩提爾模式[1]開啟助人者的「心」視野

多年前，從網路上意外瞄到李崇建（阿建）出版的《沒有圍牆的學校》，描述另類學校全人中學裡師生互動的故事，心裡升起了許多對於另類學校的好奇，於是透過電子郵件邀約，請他來課堂上分享全人中學的經驗。沒想到，與其敘說全人中學的師生互動，他更多的分

1 薩提爾（Virginia Satir, 1916-1988）為一知名的心理治療學者，被引入台灣在心理輔導界推廣已20餘年。薩提爾認為人是可以為自己選擇、為自己負責的主體。薩提爾模式是引導探索者覺知自我的內在，連結內在的情緒與思想，選擇自己認為適當的行為和溝通方式。近年來，李崇建將薩提爾模式大量推廣到教育界中，幫助老師和學生進行自我察覺，並進行自我改變。請參見李崇建所出版的《麥田裡的老師》、《心教》、《對話的力量》、『薩提爾的對話練習』一系列關於理解薩提爾模式的著作。

享自己在薩提爾模式上的學習。陸續邀約阿建幾次來為學校老師演講，心裡有著好奇與讚嘆，慢慢的從一種旁觀的心情逐漸轉為想主動學習的衝動。我陸續報名了高雄與台中的工作坊，可惜都因報名人數不足而取消，聽說台北的工作坊一定開的成，於是在二〇一三年八月，我北上參加了第一次的薩提爾工作坊。薩提爾的理念中最激勵我的是自由。可以為自己選擇、為自己負責是自由的，可以回歸自我一致性的狀態是自由的。任何事都有三種以上的選擇，原來，我有權利可以選擇不當受害者，成為自由的主體。

從工作坊回來後，我的心躍躍欲試，決定跟我的導師班學生分享我在薩提爾上的體悟，特別是如何與別人進行一致性溝通的部分，我可以教給學生，在教學的過程中讓自己有更深刻的體悟。第一次的嘗試就是在開學第一周的課堂上，我敘說了自己學習薩提爾模式的觸動，幾度我的喉頭有點哽咽，我也感受到學生在這個感動的氛圍中共鳴著。

這次的經驗後，下一堂課我帶領他們體驗內在的冰山，甚至找一位自願的女學生出來，透過她的分手經驗進行內心的層層探索，女學生的大方與勇敢，讓我很自然地往內一層層引導，而她也在我的接續提問下流淚陳述自己翻攪的情緒。我感覺自己彷彿進入一個新的階段，我的力量已經到了可以引導學生心靈成長了。

我雖然不是專業的諮商師，但是憑著我的理解與熱情可以幫助學生，我隱隱覺得自己在進行轉化了。陸續在不同課堂裡，我帶著不同學生嘗試進行薩提爾模式的分享與演練，我有些擔心自己做的不夠好，不過還是有著強烈動力想繼續嘗試。

我想跟阿建一樣——成為更積極的助人者

二〇一三年十月廿四日，我再度邀請阿建前來演講，這次不再是為學校老師，而是為大學生。我在臉書上大力宣傳，來了比預期多了一倍的人數，整場演講大學生們專注聆聽，事後許多學生告訴我，這是大學三年來唯一一次清醒的時候、整場演講眼光從未離開阿建身上等等，這場演講的深入人心震撼了我，甚至下午一堂通識課，我完全放掉事前準備的課程內容，隨興聊了兩節關於愛自己與接納自己這件事，我訝異自己居然在課堂上有這種難得的「脫軌演出」，我想，我已經開始把「心靈探索」這件事放得比「專業知識」更重要了。

然而，阿建兩個小時的演講後就離開了，這個在學生之間剛剛開起的心靈之門如果就此關閉，不是太可惜了？我能否如阿建一般發揮影響力幫助這些學生呢？正當這個念頭興起時，一個上過我通識課的學生亮兒就主動來找我了。她在課程之後仍然跟我保持著聯絡，聊的幾乎都是生涯探索的故事。這回聯絡，亮兒說受了阿建的啟發，想跟我聊聊自己的原生家庭。

我誠摯地邀請她前來我的研究室，屬於我的安靜又隱密的小空間。抱著助人者的慎重心態，準備著聽她娓娓道來。

亮兒說著說著，我才知道她一直以情緒化的媽媽為恥，但是一邊厭惡著媽媽卻又深受自責之苦。在我得知她內在長期糾結的矛盾後，我邀請她把手上的抱枕當作是對父母覺得羞恥與討厭的亮兒，試著把這樣的亮兒抱在懷裡。遲疑了一下，亮兒把抱枕揣在胸前，試著去感受對自己的愛與接納，一會後亮兒說自己比較平靜了。我一方面開心亮兒情緒的正向轉變，一方面驚訝地察覺自己已經把抱枕、玩偶當作是自己的象徵物來應用，已經把在薩提爾工作坊中的學習用在學生晤談上了。當天結束後，我以一種寫晤談稿的心情記錄我們之間的對話，同時寫下我的內在想法與感受。連接下來的幾次談話，我主動邀約她繼續前來，想進一步深入引導她、讓她意識到自己不快樂的根源不是家庭，而是自己，希望可以幫助她學會為自己的情緒負責。

從亮兒開始，我還持續以輔導者身分邀請不同學生前來晤談，我在事後會寫下晤談稿，幫助自己更多的澄清與反思自己進行晤談的歷程。我積極的邀約學生，把上課之外的空白時段盡量填滿，滿滿的行事曆裡頭塞滿了忙碌與熱誠。有回與亮兒晤談結束後，她問起，「妳為什麼要對我這麼好？為什麼要晤談許多學生？」我只覺得我很想為自己的生命留下些什麼，走在我之前的友人阿建，不是專職的諮商者，但是卻憑著多年投入薩提爾的學習與應用，親身為我示範了一條可以幫助別人的重要路徑，我有一種想快速蛻變為助人者的渴望，好想成為跟他一樣影響深遠的助人者。

轉折——原來，我是討愛的助人者

持續幾個月熱切而積極的以薩提爾模式來幫助學生，一邊實踐一邊發現自己的不足，正好阿建推薦我參加二〇一三年年底薩提爾弟子貝曼（John Banmen）的工作坊。安頓好自己的女兒與工作後，我特地北上參與。滿滿的講堂塞滿了參與者，第一天的我興趣勃勃的專注在記錄貝曼每個話語字句，全然投入在他的示範對話中，第二天一早，我遲到了，躡手躡腳的四處找尋可坐的位置，此時貝曼正帶領大家進行冥想，我好不容易在前方坐了下來安頓好自己進入冥想。沒想到隨著冥想前進的我，腦海中出現了自己一個人孤零零的背著背包走在森林的畫面，那份孤獨，不只是一個人行走沒人陪伴的孤獨，那份孤獨，更深更深的是躲在牆角啜泣的、被遺棄的孤獨感。我開始了無法遏止的哭泣，整天不停的、不停的哭泣，全然無法控制，哭到眼睛都痛了、腫了，哭到任何一個人遠遠都可以看到我的異狀。

透過這些不斷流洩的淚水，我才發現，離婚後面對婚姻感情的失落，我的心底還深深盤踞著孤單的感受，即使我關心了許多人，參與在許多人的故事裡，在別人的故事裡跟著流淚、跟著共振，我以為自己也跟著處理了自己的情緒，但是孤單害怕的感覺還是牢牢的在我心底。曾經我以為它已經不見了，或是至少轉化了。其實還沒有，我需要停頓一下、需要盡情地哭泣，才能繼續前進。事後我把自己工作坊的情緒崩潰經驗寫信跟阿建分享，他回覆了我：

……那一天工作坊中，我看見妳被觸動了。我知道妳是被孤單深深的觸動，我選擇安靜地讓妳孤單，因為我曾經就是這麼孤單過，**我也曾經深深品味過孤單，我使用「品味」一詞，是這份孤單開始的感受，涵蓋豐富的歷程，從孤單裡意識到痛、受傷、悲傷，轉而為寂靜、自由、開闊與喜悅**，若不細膩共處，很容易重複某部分的感受，或者壓抑，或者逃掉。……

阿建的這段話很震撼我，孤單裡蘊含的不只是難過與寂寞，其實在時間中慢慢體驗還可以享受自由與喜悅，這段話也激勵我要多挪時間與自己面對面。還正準備著調整自己的時候，內在又再度受到撞擊……。

我覺得自己像是實驗的小白老鼠？

與亮兒二〇一三年底最後一次晤談後，我跟她約了元旦連假後第一次的晤談時間。前一晚收到亮兒的簡訊：「老師，我明天沒什麼特別要說的，可以聽聽你的故事嗎？不然就先暫停一次。」當時我還在學校研究室裡跟學生討論事情，沒多想什麼就馬上回覆：「那就隨興吧！」離開學校後，心裡突然覺得有些不對勁，會不會上回晤談她意外的大哭讓她害怕不安，想先把焦點放回我身上比較安心？從學校回到家裡的路上，我有些等不及的先撥了手機給她，想澄清她上回晤談後心裡的感受與想法。

手機那頭的亮兒遲疑了一下，表達了自己的不安：

我覺得自己對你的信任還沒這麼深，沒料到會聊了這麼多……我們兩個的價值觀、信仰和個性都不同，有時候我覺得並沒有真止的理解你，同時你也不了解我……。

這時，我還感受不到自己在電話裡頭的情緒，我只想著車程中進行深度對談實在危險，決定回家後繼續聊。回到家後，再次撥打手機的我，心裡莫名的震動著，似乎等著迎接某些我無法意料的撼動。

之前我和亮兒從課堂後延伸了亦師亦友的關係，這學期聽了阿建演講後她主動前來跟我分享家庭故事，所以我就把我倆調整為助人者與個案的關係。這樣的轉變是重大的，對亮兒來說是不是不適應？於是我繼續問了：

「我們從一般的師生，甚至類似朋友的關係轉成了輔導的關係，妳還無法適應這種轉變嗎？」

亮兒：「嗯，我並不習慣。我比較喜歡真實一點、自然一點的關係。」

或許是在輔導過程中，她不喜歡我一直引導她思考、感受？我困惑：

「在我的輔導過程中，我不斷的提問，問的太快，中間沒有時間讓你多沉澱嗎？」

亮兒：「有時候我還需要一點時間沉澱，還不知道我要走什麼路。你會轉到下一個問題，幫我鋪出下一條路。這太刻意了，我不知道該不該說？有時候我覺得自己像是實驗室的小白老鼠……」

實驗室裡的小白鼠？我還分辨不出自己的心情……

亮兒：「我有感受到你很熱切，很熱切的想了解我，但是有時候我覺得妳並不懂我，這會讓我感覺到某種壓力……」

我想我的提問可能只淪為技巧而已，畢竟我學習的時間太短。不過我也迷惑了，亮兒來找我談話到底想要什麼？只是要跟我建立私交還是透過我幫助她成長？

「那妳想要什麼？想要跟我建立友誼還是希望我幫助妳改變？」

亮兒：「我兩個都想要。我還記得這學期剛開始幾次的講話，我覺得是舒服的，或許是之後的談話，愈來愈有目標性，所以就愈不自然了……」

在我愈來愈了解她之後，我確實想在每一次的談話設定更明確的目標幫助她。這時，我才清楚察覺到自己的難過：

「亮兒，妳為什麼會想來找我談話？你聽了阿建的演講後來找我，不就是想透過薩提爾幫忙釐清妳的內在嗎？」

亮兒：「那時候我聽阿建的演講勾起了家裡很多事，我覺得很難受，很直覺的就想說給老師聽，很單純，像以前邊吃早餐邊跟你聊天一樣。反而，薩提爾是我第一次聽到，有點陌生。我覺得阿建跟我一樣從破碎的家庭出來，他可以懂我，但是我都不知道妳的家庭狀況……」

原來了解我的家庭狀況對她來說才是安全的交流。

亮兒：「阿建跟我的家庭很像，我覺得很有共鳴。所以……」

這時，我真真實實的意識到自己的委屈了，喉頭有點哽住，我試著澄清自己：

「妳有注意到嗎？幾次的晤談中，當你哭泣的時候，我是陪伴著妳一起哭的。我不覺得只有相同經歷的人才能相互理解。我的爸媽很疼愛我，我很幸運。就是這樣，所以我更可以理解沒有得到父母關愛的妳，有多麼的痛苦！」

我想表達自己很用心的在陪伴她，沒有共同的家庭經歷不代表我不能理解她。掛下電話後，我的委屈難過從心底一波波伴著淚水湧上。到底怎麼了？整個歷程中我這麼積極，以為她夠信任我，所以並沒有跟她核對她所需要的是什麼？亮兒比較習慣亦師亦友的模式，我卻進入了晤談關係，想要逐步有系統的引導她改變，這卻不是她要的；其實，我最有情緒的部分是，她提到不懂我的家庭，我也不會了解她的感受，難道沒有共同的生命經驗就無法相互理解？

我把亮兒對我引發的衝擊寫信分享給阿建看。他的回覆給了我許多提醒：一般人不喜歡處在輔導關係裡，因為那意味著「我有問題」；當我說自己覺得委屈難過，這時我和亮兒如同轉換成情侶關係，彼此都關心對方，但彼此都有需求被關心。信的末了，阿建寫道：「在助人的這條路上，先滿足了自己的渴望，感覺自己是有愛的，在此處看著來晤談的人，我只是在這裡而已。妳走得好快，再慢一點兒。我邀請妳在停頓中多一點兒意識，來覺察自我的內在，在這個過程中，妳的存在意義便會擴大，而不是僅只對亮兒這個孩子。」看完回信的我，只是紅了眼眶。

從貝曼工作坊的情緒崩潰到亮兒給我的衝擊，一再讓我看見自己雖然披上助人者的外衣，骨子裡卻透過助人的行為在討愛。我對學生輔導的熱切不是出於什麼冠冕堂皇的利他理由，而是為了彌補自己這些年深深的寂寞，我急切的想從學生討愛，同時也想從學生身上證明自己的價值。

我提醒自己，再慢一點兒、再慢一點兒，先在自己的內在裡多停頓一會，先與自己的內在多連結一些，先給自己愛，先讓自己成為愛的存在。因著這樣的衝擊，我提醒自己先更多的往裡頭探索，在連結別人之前，先找到自己的安穩。

學著自己陪伴自己

我喜歡跟人在一起，往外參與活動進行學習，喜歡交各式各樣的朋友，開拓自己不同的眼界，我不喜歡一個人的感覺，但是，是找回自己的時候了，從二〇一三年八月之後，我有意識的增加自己獨處的時間，透過不同方式想讓自己變得安穩。

我決定從散步開始創造一個人的約會時光。急性子的我這麼多年來都覺得無目的的散步很浪費時間，就開始練習晚上外出散步吧。晚上一個人在夜空下靜靜的散步，穿梭在公園的樹影、花叢間，感受著風微微穿過臉龐、感受著前進時手腳的擺動，幫助我放下不斷竄流的思緒，先回到自己身上。

一個人散步的練習又滾動出一個人旅行的嘗試。我開始打破既有的和好友或家人出遊的旅行模式，試著拓展單獨旅行的經驗。好不容易在工作與照顧孩子的忙碌中挪出了空檔，從杉林溪、到惠蓀林場健行，在大大小小的路徑裡，我揹著背包，不斷地走、不斷地走，雙腳逐漸發麻發痠，踏在土地上的感覺卻是實實在在，心靈與思緒也隨著身體的移動而不斷飛揚，一個人走路的身影有著勇敢與堅定。這些經驗開啟了我日後在寒暑假期間安排一個人旅行的習慣。

將近一年後，我在寫給阿建的信裡，回顧了自己在一個人經驗裡的轉變：

……去年年底我第一次的一個人旅行就是到杉林溪，繞過了人多的溪頭，往更裡頭進去，多了將近一個小時的車程，幾乎獨享了整個杉林溪。還記得一個人散步在小徑裡，陽光灑進葉子的縫隙閃閃發亮，我竟然感動得哭了。

說真的，這麼多年來我的注意力都放在周遭人的上頭，很少注意四周的景物，連和友人出去旅行，在意的也都是友伴，而不是風景。現在才開始練習著一個人走出去，在開始關注自己的同時，也逐漸注意到環境與風景的美麗。

走著走著，到現在，大樹、小花、星星、月亮，甚至整個夜晚的寂靜都是我安適的力量。

透過各種一個人的練習，我慢慢可以在散步、旅行中接觸情緒、連結自己內在愛的渴望，在停頓裡品味一個人裡頭的孤單、難過、喜悅、自由與豐富，記得，有一次我的眼前再度出現了一個人走進森林的畫面，那和當初貝曼工作坊出現的畫面很像，不過當初讓我淚流不止的一個人的孤寂，此刻轉化出新的畫面與意義，我看到的一個人是挺著胸、昂首闊步前進的模樣。

這一刻，我知道自己的內在已經有些不一樣了……。

敘事治療開啟陪伴者的新視野

在書店裡意外發現了周志建《擁抱不完美》一書，看著書裡頭作者與媽媽的故事也激起了我想寫故事的衝動，於是二〇一四年一月十八—十九日我北上參加志建的工作坊。我特地北上想學習另一種新的諮商輔導方式。工作坊中重複著書寫與講師、學員之間的分享，起初我對這麼簡單的帶領方式有點失望，然而兩天的學習後，我卻喜歡上那個在書寫時思緒與情緒流洩的自己、分享時那個緊張卻又全心投入說故事的自己。

印象最深刻的是，志建提到遇見困境之時，只要把死亡放在眼前，一切就清清楚楚。我在筆記中寫下了：

當那一天來到時，
我不想以成功助人者的形象與死亡相遇，
我清楚這裡頭潛藏了太多的壓抑與不真實。
我希望就以自己真實的模樣坦然面對死亡，
熱心的、自我的、懶散的、積極的等等等等

所有複雜而真實的多元樣貌全都屬於我自己。

我清清楚楚的渴望就呈現在書寫中，一個真實的人不會是助人者，就單單只是我自己、完整的自己而已。這個清楚而深刻的意念讓我重新思索與詮釋助人的意涵。助人這件事不是我的生命本質，做自己才是我想追求的。之前我花了太多時間在幫助別人身上，卻忽略了最深的渴望是成為自己，在成為自己的過程裡去連結別人，如果可以因此幫助了對方，這才是我想要追求的助人行為。

上完工作坊後，第一次練習就在回家過年。這次回到家裡，感冒時好時壞的，這是個好時機讓我先學習關注自己。所以我不勉強自己跟家人做深度溝通、暫緩與學生的論文討論，我只說「自己還需要休息，等開學再說。」劃出界線之時，雖然有些愧疚，不過我同時也清楚有了界限的自己，在面對別人時會更飽足，更有能量。

在班上推動「狂野寫作」

如同之前學了薩提爾就迫不及待的想應用在我的教學中，我再度躍躍欲試，想把新學到的敘事治療應用出來。我想在課程裡挪出一個短短時間讓大學生練習寫故事，讓學生創造彼此感動的能量。我想起幾年前曾經看過一本很吸引我的書——《狂野寫作》，於是以這個書名為標題，我開始在導師班的課程裡加入了「狂野寫作」的活動。

我是這麼進行狂野寫作的：

首先，我先說明「狂野寫作」的精神：寫作是狂野的，沒錯。跟飆車、大聲吼叫一樣狂野。狂野寫作不是寫作文，不是為了拿高分對別人交代的寫作，只為了自己，所以可以字體大小、美醜、工整都忽略，愛怎麼寫就怎麼寫，因為可以把整個人毫無顧忌地赤裸展現，就是狂野。

然後，我買了不同花色的筆記本送給學生，請大家挑選自己喜歡的花色；接著，每堂課開始或結束時，我先說一段自己最近的心境或故事，邀請同學在十至十五分鐘的時間內自由書寫。每次寫完後，筆記本想為自己保留、或是交給我看都可以，尊重自己的意願就好。如果筆記本交回給我，我就提供對方正向的回饋，下周發還給學生。

就這樣，很簡單的程序。第一次的應用是開學第一周的班會課。我請大家書寫過往二〇一三年印象深刻的故事，然後為這一年的故事下個隱喻：

班會課有充足的時間，所以我在書寫後請大家口頭分享自己的隱喻：

有的說，自己是從蛹蛻變而成的彩蝶，

有的說，自己是在藍天下飛翔的自由鳥兒，
有的說，自己是找到了方向的陀螺。
有的說，自己是全身癱瘓無法動彈的植物人
有的說，自己是忘了發光的星星
……

有些隱喻裡藏著生命的力量，有些隱喻裡藏著深深的哀傷，我沒下什麼評論，也沒什麼引導，我只是試著去相信，每個人分享的隱喻就可以創造出一股動能，一股可以相互流動、彼此呼應以及彼此感動的能量。

第一次的應用中，我發現自己沒有費力的做什麼，就可以透過書寫與簡單的分享，讓學生之間牽引出一種強大的感動力。這增強了我繼續帶「狂野寫作」的信心。

接著在另一門課程裡，我先啟動了自己在二〇一三年開始學習一個人散步、一個人旅行的故事。從一個人的故事起了頭，學生的分享裡，也陸續提到一個人去聽演唱會，一個人去吃飯，一個人去上課的故事，一個人的話題愈滾愈多，有著一個人的孤單，一個人的不習慣，一個人的收穫，一個人的堅持，一個人的獨立。我心裡滿是感動，原來丟出一個故事，可以滾出這麼多豐富多元的故事。

我再次感受到分享滾動分享的震撼力，於是催動著我在不同課程裡或短或長的依課程內容狀況帶「狂野寫作」，在書寫與分享的旅程中我看到了許多獨特的美好風景。

透過「狂野寫作」給學生自我探索的空間

以前對薩提爾最著迷的是「自我選擇」與「自我負責」的主體概念，透過學生們的書寫，更具體轉化了我看待學生的眼光。「狂野寫作」給了學生一個很自我的任意空間，然而這也意味著拉遠了我跟學生的個別關係，甚至我無從掌控學生進入生命內在的深度。有人進的深、當然也有人整學期只有兩三行、也有人只喜歡畫畫，或是有人選擇發呆。起初我不太習慣這些多元的書寫樣貌，也不習慣不能具體為學生做些什麼，這樣的文字距離，正好方便我調整自己既有的助人心態。在學生不同樣貌的故事裡，我愈來愈能夠學習尊重，我愈來愈能夠看到一種力量，一種在不安中還繼續前進的堅韌，一種帶著不安仍然不願放棄的勇敢。願意把筆記本交給我閱讀的，我經常給予的回饋，單單只是欣賞他們身上的堅韌、不放棄的勇敢，祝福他們帶著力量前進。在每個獨特的故事裡，我愈來愈感受到故事裡裡的主角不再是需要幫助的弱者，而是可以自己找回力量的強者。

把談話的自主權交還給學生

我給予學生更多的相信，相信他們在書寫中會逐漸釐清自己、相信他們在情緒抒發後會從自己身上得到療癒。如果我感受到某個學生狀況可能比較嚴重的，我會在回饋中邀約「如果你願意的話，歡迎來找我聊聊。」尊重學生是否要找我的意願與準備度。如果真的來找我了，我也會在談話前先探詢學生的期待與希望我提供的幫助，透過這個確認的過程了解彼此的狀態。我自己在心裡放下了「晤談」這個比較有目標、策略的諮商術語，也把腳步放慢了。我看待學生更多是獨立的成人，我把談話的自主權交還給學生，有需要再來找我。

慢慢從助人者到陪伴者

我慢慢從助人者轉成陪伴者，慢慢從給予者轉成激勵者。更重要的是，這樣的我不但少了許多負擔，行程表裡的空白變多了，我也慢慢不太需要靠學生的改變與回饋來證明我的價值，我慢慢轉成一個比較可以自足的自己。

我要回頭說說和亮兒故事的轉折。

在我倆衝突後的隔天，亮兒跑來找我，我們再一次交流心裡的想法，我才清楚她真正在意的並不是我倆沒有共同的家庭背景，而是她期待一種平等互動的友誼關係，我卻沒有和她核對就自行把我們的關係切換成助人者與個案的模式。更多的對談與理解後，我們深深擁抱了彼此，這場衝突，奇妙地開啟了我們更深刻的愛與和解。有一次相約聊天後她在臉書私訊的回饋是：「謝謝妳今天和我聊的時候，很溫柔的慢慢的走，雖然沒有什麼大躍進，但是還是開了很多盞小燈喔。」這段回饋特別觸動我，我看到自己慢慢成為一位陪伴者，一位和亮兒、和學生一起前進的同行者。

帶著察覺與力量攀爬心靈之巔

薩提爾原初觸動我的是成為一個為自己選擇、為自己負責的自由主體，而非裡面的助人技巧，只是在當時的生命狀態中，我太渴求被愛，太快想跟友人阿建一樣成為強大的助人者，所以匆促跳過自我梳理與成長的部分，就直接接上助人者的角色。感謝亮兒願意誠實的說出自己的感受，讓我在歷經難過委屈的低潮後，重新把眼光先放回自己身上，學習當自己的陪伴者；在二〇一四年初接觸敘事之時，我心裡已經安穩多了，透過敘事這個方式，練習敘說與分享自己的故事，面對學生求助時，多聆聽少引導，更多的以陪伴者的姿態與學生同在。

我深深感謝這段從助人者轉化成陪伴者的歷程。這幾年，有不同的機會遇見不同的學生故事，有時我可以安穩陪伴，有時會因著忙碌匆促倒退幾步，需要停頓一下再度前進。這趟心靈旅程，彷彿不斷在山裡行走，雖然前方群峰聳立，但是帶著察覺與力量，慢慢攀爬，時而停頓、時而跨步，一層層體會更多的心靈景致。

啟思路09　PE0142

撕下標籤，找回自己，你是你自己最大的勇氣
——22個從困境破繭而出的青春故事

作　　者　張淑媚
責任編輯　徐佑驊
圖文排版　莊皓云
封面設計　王嵩賀

出版策劃　釀出版
製作發行　秀威資訊科技股份有限公司
114 台北市內湖區瑞光路76巷65號1樓
電話：+886-2-2796-3638　傳真：+886-2-2796-1377
服務信箱：service@showwe.com.tw
http://www.showwe.com.tw
郵政劃撥　19563868　戶名：秀威資訊科技股份有限公司
展售門市　國家書店【松江門市】
104 台北市中山區松江路209號1樓
電話：+886-2-2518-0207　傳真：+886-2-2518-0778
網路訂購　秀威網路書店：https://store.showwe.tw
國家網路書店：https://www.govbooks.com.tw
法律顧問　毛國樑　律師
總 經 銷　聯合發行股份有限公司
231新北市新店區寶橋路235巷6弄6號4F
電話：+886-2-2917-8022　傳真：+886-2-2915-6275

出版日期　2018年10月　BOD一版
2020年8月　BOD二版
定　　價　350元

國家圖書館出版品預行編目

撕下標籤,找回自己,你是你自己最大的勇氣 : 22
個從困境破繭而出的青春故事 / 張淑媚著. --
一版. -- 臺北市 : 釀出版, 2018.10
面 ;　公分. -- (啟思路 ; 9)
BOD版
ISBN 978-986-445-279-8(平裝)

1. 教育輔導　2. 心理諮商

527.4　　107015690

讀者回函卡

感謝您購買本書，為提升服務品質，請填妥以下資料，將讀者回函卡直接寄回或傳真本公司，收到您的寶貴意見後，我們會收藏記錄及檢討，謝謝！如您需要了解本公司最新出版書目、購書優惠或企劃活動，歡迎您上網查詢或下載相關資料：http:// www.showwe.com.tw

您購買的書名：________________________________

出生日期：________年________月________日

學歷：□高中（含）以下　□大專　□研究所（含）以上

職業：□製造業　□金融業　□資訊業　□軍警　□傳播業　□自由業

□服務業　□公務員　□教職　□學生　□家管　□其它____

購書地點：□網路書店　□實體書店　□書展　□郵購　□贈閱　□其他

您從何得知本書的消息？

□網路書店　□實體書店　□網路搜尋　□電子報　□書訊　□雜誌

□傳播媒體　□親友推薦　□網站推薦　□部落格　□其他________

您對本書的評價：（請填代號　1.非常滿意　2.滿意　3.尚可　4.再改進）

封面設計____　版面編排____　內容____　文／譯筆____　價格____

讀完書後您覺得：

□很有收穫　□有收穫　□收穫不多　□沒收穫

對我們的建議：________________________________

____

____

____

請貼
郵票

11466
台北市內湖區瑞光路 76 巷 65 號 1 樓
秀威資訊科技股份有限公司 收
BOD 數位出版事業部

(請沿線對折寄回，謝謝！)

姓　　名：＿＿＿＿＿＿　年齡：＿＿＿　性別：□女　□男

郵遞區號：□□□□□

地　　址：＿＿＿＿＿＿＿＿＿＿＿＿＿＿＿

聯絡電話：(日)＿＿＿＿＿＿＿＿(夜)＿＿＿＿＿＿＿＿

E-mail：＿＿＿＿＿＿＿＿＿＿＿＿＿＿＿